子ども発見ライブラリー◆編著

本よみキッズの事件簿

子どもと本と、ときどき大人

太郎次郎社エディタス

本よみキッズの事件簿
子どもと本と、ときどき大人

目次

2章◆本の贈り物……私のためにあった物語 107

4章◆本の磁場……友だち、このやっかいで大切なもの　185

書名の末尾に＊印のある本は、品切れなどのため、新刊書店で入手しにくい本です。

まえがき

「子ども発見ライブラリー」の発足は一九九九年の年末。きっかけは、太郎次郎社の浅川満さんからの「子どもと本が出会うときに生まれたドラマを文章にしてほしい」という呼びかけでした。その呼びかけを受けて、現メンバーのうち三人（徐奈美、橋之口哲徳、福家珠美）が、本郷の太郎次郎社に集まったのです。そして太郎次郎社から須田正晴が「ライブラリー」の世話人としてメンバーに加わりました。

私立小学校司書教諭の徐、駆けだし編集者の須田、二児の父親で会社員の橋之口、小学校教諭の福家。それぞれ異なる立場や職業の私たちでしたが、子どものころから大人になる今日まで児童書を楽しみつづけてきたという一点で意気投合しました。

しかも私たちは四人とも「いわゆる『良書』でない本でも好きだった」子ども時代の思い出をもっていました。私たちが子ども期をすごした一九七〇年代から八〇年代、大人たちは「よい本」の普及に熱心でした。けれど、子どもたちは当時から「よい本」以外の本からもぞんぶんに読書の喜びを感じとっていました。大人が眉をひそめるような本でも、子どもに人気のある本はあったのです。そんな「にんきもののひけつ」をさぐることで「さまざまな本の魅力や、さまざまな子どもの秘密を発見したい」と思い、私たちは「子ども発見ライブラリー」を立ち上げました。

年明けて、二〇〇〇年から活動を開始。まずは太郎次郎社のウェブサイト内に「ほんの自由空間」というページを設けて、「子どもがこの本をこんなふうに読んでいた、あんなふうに楽しんでいた」というエッセイを各自で書いて発表することから始めました。HPでの発表は毎月でしたが、集まりは三か月に一回ていど。「ぼちぼちいこか」がモットーの私たちでしたから、季節がかわると「そろそろ集まろうか」という感じののんびりした活動でした。

けれども、いったん集まると、しゃべれどもしゃべれども話題は尽きません。近況報告から始まって、「子どもがこんな本喜んだのよ〜」「えっ、そんな本?」と持ちよった本の数かずを紹介しあったり、書いてきた原稿を読みあったり、さいきん面白かった本や映画、芝居や音楽、はたまた子育てや教育、社会などについておしゃべりしたりするうちにまたたくまに夜がふけるといった感じでした。

そして二〇〇五年、学校司書の長谷部香苗が新メンバーとして加わったころ、あらためて太郎次郎社エディタスから今回の単行本化の話がもちあがったのです。活動を始めてまる六年、書きためてきた原稿は合計六十八本となり、そろそろ活字にできるねという話になりました。というわけで、昨年春から私たちは本の制作にとりかかったのです。

そんなこんなの七年間をとおして、私たちはいまあらためて「子どもといっしょに本の世界にとびこむと、予期してなかった楽しさや奥深さ、摩訶不思議さなどありとあらゆる魅力が倍増する」ということを実感しています。と同時に、それは「本を仲立ちにして子どもとふれあうとき、子どもの心に深く隠された思いや秘密、願いやあこがれが少しずつ見えてくる」という実感でもあったのです。その過程で私たちは、自分自身の感性を刺激されたり、世界観を塗りかえられたり、子どもとのかかわり方を考えさせられたりする機会にたくさん恵まれました。そう考えると私たちの活動は、「子ども発見」にとどまらない「自分発見」の意味が大きかったのかもしれません。

ですから、ぜひ大人には、いま目のまえの子どもが手にしている本をかたわらからそっとのぞきこんでほしいのです。もちろん、本が唯一、大人と子どもを結ぶ絆ではありません。遊びや労働、日々の生活のさまざまな場面で子どもと大人は、楽しさや苦労や喜びをいっしょにあじわうことができます。そのようなつながりあいのひとつに、本を仲立ちにした世界も入れてほしいのです。大人と子どもが肩を並べて読みながら、同じ世界を感じてほしいなあと思うのです。親や親戚、近所のおじちゃん、おばちゃん、園や学校の先生などさまざまな大人と子どものあいだで、本からあふれる鼓動やぬくもりを分かちあってほしいと願っています。

徐と長谷部は学校図書館を、橋之口は家庭を、福家は学級をおもな舞台として、そこに、その子がいたからこそ起こった、本との出会いのひとときを思いおこしながら書きました。いずれも一話完結ですので、どのページからお読みいただいてもかまいません。なお、登場する子どもの名前はすべて仮名を使用しました。

最後に、本づくりを呼びかけてくださった太郎次郎社の浅川満さん、太郎次郎社エディタスの北山理子さん、編集はもちろん事務局的な役割までも担ってくださった須田正晴さん、まことにありがとうございました。また、ご多忙にもかかわらず解説を書いてくださった大田堯さん、心よりありがたく感謝いたします。そして登場してくれたすべての子どもたち、みんながいたから、この本をつくることができました。ほんとうにありがとう。

福家珠美

はじまりの章……本の風穴

翌朝、教室に行くと、男の子たちが数人、私を囲み、
♪きのう、ころした一万びきの福家先生。
きのう、ころした一万びきの福家先生。
きょうはなんびきころそうか……と、大声で歌いはじめました。
そのまんなかで、いちばん誇らしげに声をはりあげていたのは、
あのダイチくんだったのです。

優等生で裏番、ユミちゃんのユーウツ

福家《ふくや》珠美《たまみ》

▼四年一組の勝一《かついち》がある日突然、行方不明になった。その朝、教室の勝一の机の上には、花をいけた花びんと死んだ大きなカエルが置かれていた。さらに自宅には「一億円、持ってくるんだ」という脅迫電話が。クラスメイトの行方不明事件に、少女探偵カオリンはひそかに仲間たちにサインを送った。「マリア探偵社に集まれ！」

『マリア探偵社　消えたCMタレント』
川北亮司=作
大井知美=画
理論社、2000

お勉強バッチリの裏番長

五年生のユミちゃんのお父さんは大きな商社に勤め、お母さんは地元で経営コンサルタント会社を経営しています。ユミちゃんは学校が終わると自宅に帰らず、まっすぐお母さんのオフィスに向かい、カバンを置いてすぐに進学塾へ走ります。塾のない日はピアノやバイオリンのおけいこ。キ

ティちゃんのスケジュール表には、一週間の予定がびっしりです。

学年はじめの家庭訪問の日、私はユミちゃんに案内されてお母さんの経営する会社のオフィスにうかがいました。オフィスのドアを開くと、ピカピカのフローリングにガラスのテーブル、桜色のカーテンから春の日差しがさしこむ応接室。その奥の廊下を抜けると、ユミちゃんの勉強部屋です。

「おうちにもここにも、私の部屋があるの」。そう言うとユミちゃんは、さっそくカバンを取りかえ、携帯電話をポケットに入れて、塾に出かけていきました。

はじめて会うユミちゃんのお母さんは、細身でスーツがきりりと似合う、才色兼備を絵に描いたような女性。お話のひとこと、ひとことが冷静で自信に満ちているように聞こえました。

「中学校は少々遠くても、伝統ある私学にと考えています。私も中高一貫の私学で教育を受けたおかげで、経営学の道に進むことができました。親しか道を準備してやれませんから」

「勉強は塾でしっかりみてもらっていますので、安心しています。学校はお友だちと楽しく過ごすところだと、本人も私もわりきっています」

ユミちゃんのお母さんのそんな言葉に圧倒されて、私は学校でのユミちゃんのようすすら話すことができずに、すごすごと退散してしまいました。

さて、学校でのユミちゃんは、勉強がすらすらできるうえに、お母さんに似て色白で目鼻立ちもくっきり、おしゃれな服を身にまとい、クラスの女の子たちの人気者のようでした。

でも、私はそんなユミちゃんが、じつは「ウラバン」(裏番長)であることに気づいていたのです。

ユミちゃんの命令で、ある日突然、特定の子が友だちから「シカト」される。わがままを通したいときはよよと泣きくずれてハンカチで涙をぬぐい、同情を集めて思いどおりにことを運ぶ。だれかの悪口を、ふだんとは違う筆跡でメモ書きして回す。こんなユミちゃんにどうかかわったらよいのか、私は一学期のはじめから頭をかかえていました。

四年生のときの担任も、そんなユミちゃんの行動にうすうす気づいてはいたものの、絶対しっぽをつかませない彼女の賢さに、手も足も出なかったそうです。実際、ユミちゃんは教師に対しては、いつもハキハキとよいお返事の優等生でした。とにかく、まずはユミちゃんの心の声に耳をすませよう――そこからどうしたらよいか考えるほかありませんでした。

カオリンってさ、カオリンならさ、カオリンだったらさ

そんなとき、ユミちゃんが『マリア探偵社』というシリーズの本を、学級文庫からせっせと借りていることに気がついたのです。こんなにいれこんでいるからには、きっとユミちゃんの心に響く魅力がこの本のなかにあるはず。そう直観した私は、その日からせっせと、少女探偵カオリンが主人公の『マリア探偵社』シリーズを読みはじめました。すると、ユミちゃんがなにげなくかわしているおしゃべりから、まるで「きき耳ずきん」でもかぶったみたいに、ユミちゃんの本音が聞こえてくるのです。

「夏休みの自由研究ってさ、お母さんが『それじゃ意味がないわ。これにしたら？』とかいちいち

口出ししてきたり、こんなことを調べたら先生がなんて言うかなあとか考えちゃうじゃん。ぜんぜん自由になんてできない。まるで〝不自由研究〟だよ」

「私なんか塾で、夏休みの自由研究講座があって、そこで教えてもらってやっちゃった」

「カオリンは『足で字を書く方法』を夏休みの自由研究にしてたんだよ。自由でいいなあ」

「カオリンってさ、お父さんもお母さんも外国に行っちゃってるでしょ。おばあちゃんとふたりだし、おばあちゃんは、カオリンが夜中まで家に帰らなくても安心してるんだよね。亀代（カオリンのおばでマリア探偵社の社長）といっしょだからかなあ」

「亀代だって大人だけど、カオリンたちと同じノリでさ、カンペキ〝仲間〟って感じだし」

「カオリンのまわりって、口うるさい大人がいないよね。子どもだけで考えて行動してる」

「子どもだけの世界かあ」

「それに、カオリンは愛と正義のためには学校なんか平気で休むし、早退もしちゃう。勉強なんかしなくてもいいし、自分の時間は自分の使い放題だよ。いいなあ」

「うらやましいのはさあ、カオリンや将道《まさみち》（探偵仲間）は携帯もパソコンも口紅も、遊びじゃなくって、本気で仕事のために使ってるってこと」

「私が携帯使えるのなんか、塾の行き帰りだけ。まあ、ナイショでひまつぶしに使ってるけどね。メイクもこっそり百円ショップで買ってる。けど、カオリンみたいに堂々と仕事で使いたいよね」

「ときどき、カオリンや将道みたいに『へーんしーん』して、どっか行っちゃいたいよ」……

そしてある日のこと。ユミちゃんは、図書係が募集した「おすすめの本ランキングベスト1」に『マリア探偵社　消えたCMタレント』を推薦したのです。えっ？　私は驚きました。ユミちゃんはこれまで、子どもどうしがとり組んださまざまなお楽しみ活動に対して、いつも「ガキっぽい」と一瞥《いちべつ》もくれなかった子です。そのユミちゃんがはじめて「ガキっぽい」連中の「ガキっぽい」イベントにのったのですから。

お母さんにつながれた綱はイヤ

さて、ユミちゃんおすすめの『マリア探偵社　消えたCMタレント』とは、こんなおはなしです。主人公である失踪少年、勝《かつ》ちゃんは大金持ちの家の子で、顔もかわいい。おまけに最近はタレント養成所に所属し、CMに出ています。事件の真相は、勝ちゃんが誘拐に見せかけて仕組んだ、両親からの逃亡だったのです。両親の期待にがんじがらめにされ、すべての時間を塾やおけいこごとにしばられてしまった勝ちゃんは、自分自身をとり戻したくて、みずから姿をくらませたのでした。これって、まさにユミちゃん自身の心境だったのかもしれません。

そのころから、私とユミちゃんは『マリア探偵社』を共通の話題にして、だんだん本音に近い会話ができるようになっていきました。

「学校から帰ったら、自分の好きなようにしたい」「お母さんにつながれた綱みたいな携帯はいや。私、犬じゃないもん」「ねえ、みんなでもっと、学校の外にお散歩行こうよ」「お料理とかしたいんだけど、家ではお手伝いさせてくれないんだ。学校でやりたいな」

こんなことをつぶやくユミちゃんは、いつになくかわいくて、優等生らしいつくり笑いもどこかに吹きとんだかのようでした。

それからだんだんと、ユミちゃんの表情は少しずつやわらかくなり、いっとき目に余るほどだった裏番《ウラバン》的行動もすこーしずつトーンダウンしてきた気がします。もちろん、紆余曲折はありますが。少女探偵カオリンは、大人の「期待」の呪縛から勝ちゃんを解き放ってあげただけでなく、ユミちゃんにも、呪縛を突き破ろうとするパワーを与えてくれたのかもしれません。

きのうころした一万びきのせんせい

福家珠美

▼ある日、ヤギが通りを歩いていると、突然の夕立。親切なライオンに声をかけられて、ヤギはしばしライオンの家で雨宿りします。が、じつはそのライオン、親切そうなふりをしてヤギを食べようという算段でした。そのことをすばやく見ぬいたヤギは、冷静に知恵をはたらかせて危機を免れます。

『やぎとライオン』
トリニダート・トバゴの昔話、内田莉莎子=訳
『こども世界の民話（上）』所収
実業之日本社、1995

荒れまくりダイチくんの好きな時間は

一年生のダイチくんは、入学したその日からいきなり、「学校なんかきらいだ」と校門から飛びだしていってしまう子でした。「保育園はいっぱい遊べたけど、学校は遊べない」「先生がムカツク」「外に行かせろー」「こんなとこ掃除したくない」などなど、机やイス、壁、私の身体をキックしな

がらつぎつぎと悪態をつきます。私のちょっとしたひとことでカッとなり、すぐ暴れたり、ランドセル片手に出ていっちゃったりするのには、ほとほとまいりました。思わず、一年生相手にムキになって外で大ゲンカしてしまう自分が情けなかったものです。

じつはこのダイチくん、生まれてまもなく両親が離婚して、お母さんとふたり暮らしでした。とっても若いダイチくんのお母さんは、わりところころ「彼氏」が変わるモテモテタイプでした。給食のとき、ダイチくんが級友一人ひとりに、「おまえ、これ好きか」と威嚇してまわり、有無をいわせず「答えなかったからもらうぜ」と言っておかずを強奪してしまう日は、たいていお母さんが朝帰りのため、朝食抜きの日なのです。そんな日の彼はもう大変な荒れ荒れ状態で、手もつけられませんでした。

そんな彼ですが、本を読んでもらったり、おはなしを語ってもらったりするのは大好きでした。大好きだった保育園時代の先生がよく、彼に読み語りをしてくれていたそうです。「学校の先生は大きらいだ」「勉強を教える先生はきらいだ」とよく叫んでいたダイチくんでしたが、おはなしを聞くひとときだけは、好きだった保育園の先生の姿が私に重なって、ほっとできたのかもしれません。あるいは、感受性の豊かなダイチくんですから、私が、読み語りのひとときだけは、「〜させなくては」という「教育的使命感」から解き放たれて、ひとりの人間として心身ともにリラックスしていることを察知したのかもしれません。

さて、五月のある日のこと。私は「聞きたい子だけおいでー」と呼びかけて、帰りの会のあと、まるくなって座っておはなしを語りはじめました。覚えたての『やぎとライオン』です。虫の居どころがよかったのか、ダイチくんもやってきました。案の定、おはなしのはじめからウロウロ、いっときもじっとしていませんが。

『やぎとライオン』は夕立のあいだ、ライオンの家で雨宿りしたヤギが、危うく食べられそうになったところを、冷静に知恵をはたらかせて、逆にライオンを退散させてしまうおはなしです。弱くて小さいヤギが、けものの王者とよばれる大きくて強いライオンをやっつけてしまうのですから、聞いているほうは痛快です。とくにライオンとヤギがかけあいで歌う歌は耳に心地よく、子どもたちはすぐにいっしょに口ずさみたくなるようです。

「きのうころした一万びきの……」

♪雨のふる日にゃ、／うちにいて、うちにいて、／雨のふる日にゃ、うちにいて、／おいしいにくのおいでをまつさ。

と、バイオリンを手にライオンが歌えば、ヤギは青ざめながらも平静さを装いつつバイオリンを借りて、

♪きのう、ころした。一まんびきのライオン。／一まんびきのライオン。一まんびきのライオン。／きのう、ころした。一まんびきのライオン。／きょうは、なんびき、ころそうか。

と歌います。

おや、このヤギの歌を聞いた瞬間、ダイチくんはおはなしにくぎづけになりました。二度、三度とくり返されるヤギの歌に、「しめたぜ。いける！」とつぶやき、ライオンが腰を抜かしそうになりながら逃げる場面では、「やったぜ。イエーイ」と叫んでいます。「先生、もう一回！」とリクエストされて、その日、私は三回、『やぎとライオン』を語りました。

翌朝、私が教室に行くと、男の子たちが数人、私を囲み、にやにやしながら、

♪きのう、ころした。一万びきの福家先生。一万びきの福家先生。きのう、ころした。一万びきの福家先生。きょうは、なんびき、ころそうか。

と大声で歌いはじめました。そう、そのまんなかでいちばん誇らしげに声をはりあげていたのは、あのダイチくんでした。それからつぎつぎ、すれ違う先生たちに向かって、ダイチはじめ悪ガキ軍団は、

♪きのう、ころした。一万びきの〇〇先生。一万びきの〇〇先生。きのう、ころした。一万びきの〇〇先生。きょうは、なんびき、ころそうか。

と、声高らかに歌いとばしていました。校長先生に対しても、です。やってくれるなあと思いつつ、ふだんえらそうにしている先生に向かってダイチくんたちが歌ってくれると、なぜか私までスカッとしてきて、「もっといけいけ！」という気分になってしまうから不思議です。

大人の欺瞞への痛烈パンチ

後日、ダイチくんの卒園した保育園の先生とお話しする機会がありました。

「ダイチくんは年長さん時代、年下の子たちの面倒をとてもよくみてくれて、なんでも自分で率先してやってくれる親分肌の子だったんですよ。すごく頭のいい子だから、大人の気持ちにも敏感です。任されていると思うと、一人前だと尊重されている気がするんでしょうね。すごく先生を信頼したし、リーダーシップを発揮してくれましたよ。小学校にはいってから、はじめのころは大変だって聞いてましたが、どうですか？」

このお話を聞いて、私はすごーく恥ずかしくなってしまいました。入学したてのころ、一年生だからといって、ダイチくんを幼い子あつかいし、彼の自尊心を傷つけるようなことをずいぶん言ったっけ。かと思うと、彼の家庭環境に安易に同情して、気をつかい、甘ったるい言葉がけをしたっけ。いらいらして権威的に教室につれ戻そうとしたり、「学校も、先生も、勉強もやだ！　保育園のほうがずっとよかった！」と叫ぶ彼に、「保育園は保育園、学校は学校」なんて無意味な言いかえしをしたり……。私はなんて一貫性のない、相手をバカにした対応をくり返していたんだろうと、ズドーンと落ちこんでしまいました。

でも、ダイチくんはあのヤギの歌で、一気に、私にパンチを食らわせることができたのだと思うのです。権威を振りかざしているけど、じつは教師として力量のない私に。賢いヤギは、えらそうにしているライオンがじつは弱虫だということをちゃーんと見ぬいて、自分の知恵だけでライオンの正体を暴き、へこませてしまったではありませんか。ダイチくんはすっかりヤギになりきって、権威づらした教師につぎつぎと痛烈なパンチを食らわせていったのでしょう。

不思議と、あのヤギの歌を共有して以来、ダイチくんと私は気持ちの通じあった「同志」みたいな感覚でつきあえるようになりました。その後も彼の家庭環境は変わらず、なかなかひと筋縄ではいかないダイチくんでしたが、彼を、小さくても生きる知恵とたくましさを備えたひとりの人として、尊重しながら接するうちに、少しずつつながっていけた気がします。

子どもがこぞって尊敬する、かなり変な大人

福家珠美

▼古本屋「貉《むじな》堂」の店先には、もうひとつ看板が掲げられている。それは「ムジナ探偵局」。店主はみずからを「ムジナ探偵」と名乗り、古本屋の店番をしながら、近所の子ども・源太と将棋をさしたり、昼寝したりしています。たまに探偵局に事件が舞いこんでくると、ムジナ探偵は源太といっしょに事件の解決にとり組みます。

『ムジナ探偵局』
富安陽子=作
おかべりか=画
童心社、1999

奇妙な知識と頭脳にメロメロ

小学校中学年以上なら年齢を問わず楽しむことのできる探偵物語といえば、『ムジナ探偵局』でしょう。第一巻刊行以来、どの学級でも子どもたちは毎朝、私の読み語りを心待ちにしていて、事件の謎が解けた場面では、教室じゅうが「満場熱烈大喝采」ムードになります。

なぜだろう？　と考えながら、子どものおしゃべりや日記を思い出してみると、『ムジナ探偵局』人気のわけは、学校や塾ではけっして教えてくれないような、ヘンテコなことをいっぱい知ってる得体の知れない大人の存在にありそうなのです。

へんてこ横丁の「貉《むじな》堂」という古本屋に、ある日、出ていったはずの息子（すでに大人）がふらっと帰ってきて、古本屋の看板の横に「ムジナ探偵局」という看板を掲げました。その息子こそ「ムジナ探偵」。近所の子ども・源太は、学校帰りにちょくちょく「ムジナ探偵局」で油を売っているうち、ムジナ探偵とともに事件の捜査にのりだすようになります。でも、その事件というのが、化けたキツネが依頼してきた事件だったり、真夜中の学校でオタマジャクシの妖怪がくり広げる事件だったりと、奇妙なものばかり。ふつうの探偵ではとうてい歯が立ちません。それをムジナ探偵は、ふつうの人間が知らない奇妙な知識を駆使して、ずばり明快に解決してしまうのです。

子どもたちのムジナ探偵に寄せる畏敬の念は、教師への尊敬度なんかとくらべものになりません。

「ムジナ探偵って、どうして人の細かいしぐさに気がつくんだろう」

「ムジナ探偵って、すごい頭脳だよね。すっごくいろーんなこと知ってる！」

いままでのどの大人よりも、ムジナ探偵は知識と頭脳が偉大で賢くてかっこいいと、子どもたちは真剣におそれいっているのです。

とくに、寝てもさめてもといったようすでムジナ探偵にほれ込んでいたカズコちゃんは、日記に「私は『ムジナ探偵局』がいままでいちばん楽しい本でした。一度読んだだけでハマってしまいました」という文章からはじまって、これが面白い、あれが不思議と書きつらね、「ムジナ探偵がいつも冷静なたいどで面白いことをいうので、もっと面白いです」と結んでいます。

習ったやりかたと違うから、できない！

このカズコちゃん、小さいときから公文式の学習塾に通い、海綿のような吸収力でつぎつぎと新しい知識を身につけてきた子です。三年生にして、すでに六年生の漢字も計算もバッチリです。学校の授業で新しい単元にはいったときは、「わたし、もう知ってるもん」と、得意満面。

そんなカズコちゃんが、算数の時間、はじめての挫折を経験しました。はじめてのわりざんの授業、子どもたちとさまざまな解き方を考えていると、思いもよらない解き方を考えてくれる子が数人いて、それぞれの考え方に応じて解いてみようということになりました。ところが、そのとたん、カズコちゃんは泣きだしてしまったのです。

泣いて泣いて、涙も枯れるころ、休み時間になりました。私とふたりきりになってから、泣いているわけを聞くと、「塾で習ったやりかたと違うから、できない」としゃくりあげて言うのです。うーん、これは重症だなと思いました。この年にしてこんなに頭が固くなっちゃうなんて、と考えこんでしまいました。その後も彼女は、私が突拍子もない発問をしたり、一見ナンセンスな課題を与えたりすると、表情がこわばりました。だって、学校は、塾みたいにマニュアルにのっとって直線的に進める学習なんて、したくないもんね。でも、カズコちゃんにとっては、想定外のヘンテコな問いやものの見方を突然投げつけられるのが、自分のアイデンティティーを切りくずされるようでこわかったのでしょうね。

そのカズコちゃんが、毎朝『ムジナ探偵局』を読み語るようになってから、尋常ではないくらい、ムジナ探偵に執着しはじめました。

「アブの暗号とか、さんすくみの術とか、だれに教えてもらったんだろう」

「ムジナ探偵って、なんですぐ正体を見破れるのかなあ」

きっとカズコちゃんのまわりには、こんな奇妙な知識をもっている大人など、いままでいなかったのでしょう。現実の学歴社会やビジネス社会ではとうてい役に立ちそうもない、いわばガラクタ知識を山ほど蓄えている大人なんて、聞いたこともなかったのかもしれません。しかもムジナ探偵はそのガラクタ知識を駆使して、妖怪や動物の声を聞きわけ、魔術をかけ、生き物が助けあって生きられるようにしてしまうのです。動物が好きなカズコちゃんには、それがとくにうれしかったようです。カズコちゃんにとって、ムジナ探偵は、学校でも塾でも教わらない、まわりの大人がだれも知っていそうもないことを知っていて、願いや夢をかなえてくれるスーパーおじさんに見えたのかもしれません。おそらく、カズコちゃんの知識観をぶっとばしてくれたのでしょう。

脱線してもだいじょうぶ

しかもカズコちゃんには、ムジナ探偵がけっして大人ぶらず、近所の少年・源太と対等につきあっているところが、さらなる魅力だったようです。

「ムジナ探偵と源太って、すっごくいい友だちだね」

「私も源太みたいにムジナ探偵といっしょに、真夜中の学校に張り込みたいなぁ」

「学校の帰りにいつでも貉《むじな》堂に寄っていけるなんていいなあ」

などと、いつも源太をうらやましがっていました。いまどき、真っ昼間からぶらぶらしていて、子どもと遊んでるお気らーくなおじちゃんで、子どもと同じ目線で話したり、考えたりしてくれる人って、めったにまわりにいません。それにそんな大人は、現代社会では「不審者」のレッテルを貼られてしまって、親が近づけようとはしません。

ちょっと昔は、こういうへんなおじさんって、町にひとりかふたりいたような気もしますが、いまはそういう人たちから子どもは完全に隔離されています。だから、カズコちゃんは、ぷらぷらしてるけど、じつはかしこーいへんなおじちゃん、ムジナ探偵に出会って、いままでの大人観をひっくり返されちゃったのかもしれません。

とにかく、カズコちゃんは、ムジナ探偵に出会ってから、「塾で習ったことと違う」なんて言って泣かなくなりました。私のナンセンスなギャグにも、授業からの脱線にも、笑って対応できるようになりました。そして、シリーズ第二弾『ムジナ探偵局　なぞの挑戦状』も、まっさきに借りていったのでした。

危機は突然、訪れました。帰りぎわ、ショウコちゃんのカイコが
急にのたうちまわり、もだえ苦しみはじめたのです。
ショウコちゃんはワーッと泣きさけび、うずくまってしまいました。
私も子どもたちといっしょにおろおろするばかりです。
そのとき、男の子の一人が叫びました。
「そうだ、『カイコの絵本』、あれを見ればわかるかもしれない！」

1章◆本の学級……教室で読んだ、みんなで読んだ

新一年生、はじめて図書室に来る

長谷部《はせべ》香苗《かなえ》

▼春になって九九九個のカエルのタマゴがいっせいにかえります。オタマジャクシはぐんぐん大きくなって、カエルになりました。小さな池はぎゅうぎゅうでせまくなったので、カエルの大家族は引っ越しをすることにしました。たくさんの子どもたちを移動させるお父さんとお母さんは大変……。

『999ひきのきょうだいのおひっこし』
木村研=文
村上康成=絵
ひさかたチャイルド、2004

トンビにさらわれ、空中散歩

「はるです」とはじまるこの絵本を、四月にはじめて図書室へ来た一年生のクラスに読みました。まだ緊張気味の顔が絵本に集中します。

カエルのお母さんが九九九個のタマゴを生みました、という最初のページでは、丸い小さな池のなかの小さなタマゴを見守っている二匹のカエル。ページをめくると、その丸い池全体にオタマジャクシがうようよ。ほんとうに九九九匹いるのか、黒いオタマを数えようと身をのりだす子もいます。オタマのなかには、もう後ろ足が生えているものも描かれていますが、三十六人で見るにはちょっと小さすぎて見えないかな。そして、じゃーん、つぎの見開きで早くもみんなカエルになって、緑色が池をうめつくしています。目をぱちくりさせたカエルの子たちでいっぱいの池は、あきらかにきゅうくつそう。このページをめくったときの変化に、子どもたちは「わあっ」と素直に驚きの声をあげます。

池がせまくなったので、カエルの大家族のお引っ越しがはじまります。池からつぎつぎにぴょんぴょん跳びだし、先頭のお父さんに子どもたちが続いていきます。広い原っぱを横断する緑色の点々で表現されたカエルの行列に、すぐに気づいて喜ぶ子どもたち。いままでとは違い、俯瞰的《ふかんてき》にとらえたこの場面では、お父さんとお母さんの二匹のカエル以外は小さな点々で描かれ、とにかくたくさんのカエルが大移動するさまがよく伝わってきます。さらに「まだ?」「おなか　すいたよー」「おみず　のみたいよー」「もう　あるけないよー」というカエルの子どもたちの声に、身に覚えがあるのかニンマリする一年生。

このあと、ヘビに遭遇してひと騒ぎ、そんなカエルの大家族を空から見つけて喜んだのは一羽のトンビです。急降下してきてあっという間にお父さんカエルをつかみ、飛びあがろうとしました。「おとうさんを　はなしなさーい!」とお母さんはお父さんの足に跳びつきましたが、お父さんはトンビにつかまれたまま上がっていってしまいます。お父さんにくっついたお母さんに、さらに子どもたちがつぎつぎとつかまって、見ている一年生たちもどうなるのかと心配そうでしたが、つぎのページを開くと「キャー」「ワー」「スゲー」。

数珠つなぎになったカエル（ここでもまた緑色の点々です）がトンビの足にぶらさがっている場面で、このおはなしのなかでいちばんウケるところ。画面の向きがこの見開きページだけ縦に使われていて、さらにカエルたちの眼下に広がる森や川が描かれたことで、ぐーんと画面が大きく感じられて、子どもたちも思わず感嘆の声をもらしたのでした。じつは私も、子どもたちの楽しむ姿を見たくて、このページを楽しみにしているのです。

数珠つなぎになったカエルたちの一部をアップにしたつぎの見開きでは、「たかいなー」「きもちいいなー」。心配するお父さん・お母さんをよそに楽しそうなカエルのきょうだいのようすに、トンビにつかまれた瞬間の緊張感はどこへやら、見ている一年生もすっかり気分は空の上。

このアップをはさみ、つぎの見開きでふたたび視点は引いて、全体の画面。小さなトンビにつながる緑色の点々で描かれた九九九匹のカエルの帯。遠くに山が見えて、そうとう高くまできたようです。ふらふらと空中散歩を楽しむカエルの子どもたち、またまた「ぼくたち　どこまで　いくの？」「おなか　すいたよー」「おみず　のみたいよー」。すると、タイミングよく「おしっこしたいよー」と続けた子どもがいて、それがまたおかしくて笑い声があがりました。おはなしの半分以上を過ぎたこのあたりから、子どもたちはリラックスして、言いたいことを言いはじめます。

さて、長いカエルの帯をぶらさげて飛んでいたトンビですが、九九九匹もいるカエルのきょうだいの重さに耐えかねて、とうとうお父さんを放してしまいました。はっとするところですけれど、カエルたちがぱらぱらと落ちていく場面でも一年生たちは、「ほらあそこ、まだふたりくっついてるよ」「カエルの雨だね」。カエルのきょうだいたちのようにノーテンキなものです。ドボーン、ポチャーンと水面に足だけ出して、カエルたちがどこか水のなかに落ちたようす。「海だ」「プールじゃないの?」の声。落ちたところが大きな池とわかった場面では、「ザリガニだ」「ドジョウもいるよ」とよく気がついて教えてくれます。そうして、無事にお引っ越しがすんだところでおしまい。一年生もうれしそうです。裏表紙の二匹のカエルを見て、「お母さんがお父さんにチューしてるよ」。

はじめての図書室。山積みの本にご満悦の子も

新入生への図書室の使い方のガイダンスは、入学して一週間たったころの四月なかばにおこなっています。もう少したつと、一年生たちは近くの公園へ遠足に行き、ザリガニやら虫やら、それこそカエルのタマゴなど、捕ったものを図書室まで誇らしげに見せにきてくれるようになります。この絵本もそんな子どもたちの体験とあわせながら読んでもいいのかもしれません。でも、遠足を待っていたらガイダンスの時期は過ぎてしまうし、司書がクラス全体へ読み聞かせをする機会はこのときしかありません。しかも、これは私自身が子どもたちといっしょに読みたい絵本なので、担任の先生におもしろいから読んでみてと紹介するのは惜しいのです。そういうわけでここのところ、

一年生へのはじめてのガイダンスのときに読むことに決めています。よく聞いて楽しんでくれるので、とっておきの一冊になっています。楽しそうに冒険をする九九九匹のきょうだいの大家族のようなクラスになるといいなあと、ささやかな私からのエールのつもりですが、これから一年がんばろうとはげまされるのは、いつも私のほうです。

毎年、本はタダで借りられるの？　と聞いてくる新入生が、少なくともひとりはいます。今年はガイダンスの最中に手をあげて質問する子がいたので、きたきた、と内心思いつつ、わざと、「じつは……タダです、お金はいりません」ともったいぶって答えたら、ひかえめながら「オーッ」とかなりの子どもが感心していたようす。図書館を利用したことがないのかしらと気がかりですが、どんどん借りにきてねと宣伝したので、これから楽しみ。

本の借り方・返し方の説明が終わり、では借りたい本をどうぞ選んでと言うと、さーっと散っていく子どもたち。こわいおはなし、虫や恐竜の本が人気です。最初なのでひとり一冊としましたが、なかにはどうしても借りる本を決められない子もいました。貸出カウンターにはふだん見られないくらいの長い行列ができ、きちんと自分の番を待っています。さっきの九九九匹のカエルの行列みたいとうれしくなりましたが、コンピュータ化されているとはいえ、じつは授業終了時間ぎりぎりまで、大あわてで貸出手続きをしたのでした。毎年のことながら、うれしい悲鳴です。

新入生を迎える四月は、こちらも新鮮な気持ちになります。一年生は「本、借りにきたよ」「（もう二冊借りちゃってるから）きょうは見るだけ」「返す本、持ってくるの忘れちゃったよ」とわざわざ自己申告してくれます。つたない字ながらもひとりで予約カードに記入する、図書館を使いなれたようすの子もいますし、「エジプトとかミイラの本ない？　ぼくたちケンキュウしてるんだ」という子たちも現れました。

入学してまもなく、まだガイダンスをおこなうまえのこと。大きなソファーの上に四十冊ばかりの本を山積みにする、一年生の男の子ふたりを発見。こわい本のコーナーに置いていた『学校の怪談』シリーズ（日本民話の会＝編、ポプラ社）などの本を、無造作に積みあげた山から一冊ずつとり出してはながめています。一冊ずつねと注意されても二、三冊抱えている子はときどきいますが、今回はびっくり。いままでなかったことです。理由を聞くと、「だってこれ全部見たいんだもん」。たしかに、家でこんなにいっぺんにたくさんの本に囲まれることなんてないだろうし、好きなだけ並べる（散らかす）ことなんてできないよねーと、変に納得してしまいました。最初が肝心、きびしく指導すべきでしたけれど、図書室ぎらいになられては困ります。かならず本棚に戻してねと約束をして、どうするかようすを見ることにしたのですが、ふと気がつくと、ふたりの姿はすでにない……。まいった。

新入生　ちょっぴり泣きたい

徐《じょ》 奈美《なみ》

▼くんちゃんは、小学校の一年生になりました。はじめて学校へ行く朝、道で出会うスミレやコウモリたちに、うれしそうに「ぼく　がっこうへ　いくんだよ」と話しかけます。でも、いざ学校に着くと、そこまではいっしょだったお母さんも帰ってしまって、とたんに不安になってしまうのでした。

▼十まで数えられるようになった子ヤギがいました。水に映る自分の姿を見て、まずは「ぼくで、ひとつ」と数えます。そして、出会う動物たちを順に数えはじめました。ところが、数えることを知らない動物たちは、勝手に数えたな、と怒って子ヤギを追いかけはじめたのです。

『くんちゃんのはじめてのがっこう』
ドロシー・マリノ=作
間崎ルリ子=訳
ペンギン社、1982

『10までかぞえられるこやぎ』
アルフ・プリョイセン=作
林明子=絵、山内清子=訳
福音館書店、1991

はじめて学校へ行く日の不安

四月に入学してきた一年生に、最初のおはなしの時間で読むのが、『くんちゃんのはじめてのがっこう』です。最近、書店に並んでいるような色あざやかな絵本と違って、茶と黒の二色刷りです。作品は一九七〇年のもので、日本語に訳されたのもずいぶん昔のことです。けれども、おはなしを読んでいくとそんな古さを感じることはなく、学校にはいったときの子どもの気持ちをとてもよく表しているなと感じさせてくれます。こぐまのくんちゃんは、はじめて学校に行く日の朝、お母さんといっしょに出かけます。通学の途中で出会うスミレやコウモリに「ぼく　がっこうへ　いくんだよ」「きみも　がっこうへ　いく?」と、とても誇らしげに声をかけていきます。ところが、学校につくと、お母さんはくんちゃんを先生に渡して帰ってしまうので、少し不安になってきます。

ここで、子どもたちはくんちゃんにぐっと親近感を覚えるようです。とくに、電車通学をしている子どもが多い学校なので、お母さんに帰られてしまっては、いざ学校から帰りたくなってお母さんのところに行こうにも、ひとりではほとんど絶望的なのです。電車の定期券を自慢げに見せる反面、それが語る家との距離の遠さも実感しているのでしょう。

つぎのページへ進むとくんちゃんは、お兄さんやお姉さんが字を書けたり、計算ができたりするのを見て、ぼくはまだできないや、と小さくなっていきます。そして、とうとう教室の開いていたドアから出ていってしまうのでした。

おはなしを聞いている子どもたちは、はじめてのおはなしの時間で緊張しているようすでしたが、ここでドキッとした表情を見せます。きっと、子どもたちは、学校でくんちゃんと同じ気持ちになったことがあるのでしょう。だから、「くんちゃん、出ていってどうするの？　がまんしてすわっていなきゃいけないんだよ、お教室では」ということも知っているのです。

教室を出ていったあと、くんちゃんは、窓の外から教室のなかをのぞきこんでいます。それが見えていても、先生は叱ったり、追いかけたりはしません。そして、そのあと先生は、くんちゃんと同じ新一年生のハリエットとスージーの名前をたしかめて、その名前と同じ音ではじまる言葉を知っていますか？　と聞いていきます。窓からのぞいていたくんちゃんも、「ぼくもわかる」と思います。そして、自分の名前と同じ音ではじまる言葉を聞かれたときに、教室に戻ることができます。

読み聞かせの途中から一年生の子どもたちも、ハリエットの「は」ではじまる言葉や、くんちゃんの「く」ではじまる言葉をたくさん考えて参加しだします。最近は、入学まえに「あいうえお」の五十音順は書けてあたりまえ、たし算はできなくちゃ、と考えるご家庭も多いようですが、子どもの成長の速度はそんなに時代によって変わることはないのかな、と思います。入学まえから字が書けたり、計算ができたりする子も、その意味や楽しさをいっしょに学べたらいいなと思います。

数えたら、怒られる？

同じように、一年生のはじめの時期に読んだのが『10までかぞえられるこやぎ』です。こちらも原作は一九五四年と、五十年以上まえの作品です。日本に紹介されたのは一九九一年でした。

数えることを覚えた子ヤギが、水たまりに映る自分のすがたを見ながら「ぼくで、ひとつ」と数えていました。そこにやってきた子ウシに「きみも　かぞえてあげようか」と言うと、子ウシは「いたくないいならね」とか「かあさんに　きいてからにするよ」と答えるのです。一年生は、「いたくなんかないのにね」なんてつぶやきながら聞いています。子ヤギが子ウシを数えると、子ウシは怒って、子ヤギを追いかけだします。続いて、お母さんウシもお父さんウシも、ウマやブタも数えられたことに怒って、追いかけはじめるというお話です。ひとつずつ数が加わるくり返しのおはなしに、子どもたちは安心して楽しんでいきます。

でも、最後はどうなるんだろう、と子どもたちは少しドキドキしながら聞いています。子ヤギが、ウシやウマにつかまってしまうのではないか、と予想して聞いているようです。でも、だいじょうぶ。最後に子ヤギは、渡し舟の定員確認という、十まで数えられることを誇りに思える仕事につけるのです。十まで数えられるようになって、怒られることになるなんて……と心配そうに聞いていた子どもたちも、この結末にほっとします。

一年生のはじめの時期、「幼稚園（保育園）とは違うんですよ」とさまざまな場面で言われることが多いと思います。でも、おはなしの世界では、なだらかな坂をあがっていくような感じで、安心しながら本を楽しんでもらえたらいいなと思っています。

つくってみない？奇想天外な選択肢

▼「もしもだよ、△△が□□だとしたら、○と☆と※、ねえ、どれがいい？」。子どもたちが喜びそうなゆかいな選択肢がいっぱいの絵本。最初から最後まで、子どもたちは自分の好きなものや好きなことを自由に選ぶことができるのです。大人にとってはとんでもないものでも、子どもにとってはすごくうれしいものが満載の人気絵本です。

『ねえ、どれがいい？』
ジョン・バーニンガム=作、
まつかわまゆみ=訳、
評論社、1983

福家珠美

パネルシアターで自在の演出

四月の新学期、新しいクラスの子どもたちとの出会いの日、かならずもっていくのが『ねえ、どれがいい？』です。これは、パネルシアターにして子どもたちのまえにお目見えさせるのがベストな逸品。パネルシアターとは、ちょっと変わった紙芝居。ベニヤ板にネルの生地をかぶせて下敷きのボードにし、その上に不織布に描いた絵をのせながら、おはなしをすすめます。この『ねえ、どれがいい?』の場合は、絵本に描かれた選択肢一つひとつを不織布に写して、ネルのボードの上に載せながら語っていきます。さあ、子どもの机とイスは全部うしろにのけて、子どもたちがパネルのまえに腰をおろしたら、はじまりはじまり!

絵本は「もしもだよ、きみんちの　まわりが　かわるとしたら、大水と、大雪と、ジャングルと、ねえ、どれがいい?」からはじまって、子どもたちに好きなものを選んでもらう愉快なメニューが満載で、ページをめくるたびに、奇想天外な選択肢へとエスカレートしていきます。たとえば、「どれなら　食べられる?　くもの　シチュー、かたつむりの　おだんご、虫の　おかゆ、へびのジュース」とか、「さると　あそぶ、くまに　本を　読んでやる、ねこと　ボクシング、犬と　スケート、ぶたに　のる、それとも　ヤギと　ダンスかな」などなど。

なかでもとりわけ、子どもたちがエキサイトするのは「どれを　手つだう?　ようせいの　まほう、小人の　たからさがし、まものの　いたずら、ま女の　スープづくり、サンタクロースの　プレゼントくばり」。子どもたちは総立ちになって、「サンタクロースのプレゼントくばり!」と叫びます。パネルシアターのボードが倒れそうになるくらい、どっと駆けよってきて、「サンタクロースのプレゼントくばり」の絵を指さしたり、たたいたりしながら、はしゃいでいます。

いままで一年生から五年生まで、どの学年でも試してきましたが、ハズレたことはたったの一度もありません。四、五年生でも、ものすごくもりあがります。

でも、なんで絵本をそのまま使わないで、わざわざパネルシアターにするの？　と思う方もいらっしゃるでしょう。絵本では、見開き二ページに四つ、五つの選択肢が全部描かれているので、ページをめくるとすぐに子どもたちの視線は、「自分だったらどれを選ぼうか」とあちこちへ泳いでいってしまいます。パネルシアターなら、選択肢の一つひとつを順番に見せていけるので、子どもたちの「つぎは何が出てくるかな」という期待と、思いもよらないものが出てきた驚きや面白さを、より大きくみんなでふくらませることができます。子どもたちが好き勝手に合いの手をいれたり、こちらが子どもの反応や表情を見ながらわざとじらせたり、つぎつぎ飛びだすお楽しみメニューを、目のまえの子どもとコミュニケーションをとりながら楽しめるのです。

自分だけの「どれがいい？」

もちろん、子どもたちは、このパネルシアターのあと、『ねえ、どれがいい？』の絵本に殺到します。「貸してー」「いやだ、ぼくが先だぞー」と、もみくちゃになって奪いあっています。でも、それだけではないのです。自分だけの「ねえ、どれがいい？」をつくりはじめるのです。クラスに画用紙の切れ端なんか置いておいたら、さっそく自作のパネルシアターや絵本をつくりはじめます。

「もし、学校をつくりかえるとしたら、ねえ、どれがいい？　宇宙までつながってる遊園地、一晩じゅうやってるおばけ屋敷、先生たちが召し使いのお城、食べても食べてもなくならないお菓子の家」

一九九〇年代のことですが、私は、六歳にして競争率約十倍の受験競争をくぐり抜けてきた子たちの通う小学校に勤めていたことがありました。しかも、そのうち、幼稚園受験も経験した子は、二歳から五十数倍の激戦を勝ち抜いてきた子たちなのです。入学選考ではもちろんのこと、入学してからだって、つねに他者から「選ばれる」ために、努力に努力を重ねて生きてきた子たちだったのです。「いいかげん、〝選ばれる〟ために生きるのはやめようよ。〝選んで〟楽しむ生き方しようよ」というメッセージをたっぷりこめて、学級開きしたいではありませんか。だからかもしれません、あの子たちはものすごく『ねえ、どれがいい？』を喜んで、自作の選択集づくりにも余念がありませんでした。

年度はじめの子どもとの初顔合わせの日に、多くの先生が、自分の学級づくりの目標や教育の理想を熱く語ったりしますよね。私はそれがとっても苦手なんです。百の言葉で語るより、ひとつの共感体験で感じあうほうが、私は子どもとつながれるのです。こんな子に育ってほしいなとか、こんなクラスにしたいな、などのメッセージは、私の大好きな絵本やおはなしをとおして伝えたいのです。そのほうが、私のメッセージを拒みたい子でも、表情や反応で拒否できますから。言葉で説得されたら、子どもって反論したくてもできないものです。だから、私はいつも新学期の幕開けには『ねえ、どれがいい？』に頼ってます。

ちなみに、児童文学作家の村中李衣さんのお話によると、この本がイギリスで出版されたときは、『ねえ、どれがいや？』というタイトルで、いやなものを消去法で消していくという選び方だったそうです。でも、日本で翻訳したまつかわまゆみさんは、それを『ねえ、どれがいい？』という積極的選択をうながす表現に変えて訳してくれました。この発想の転換はすごいと思いませんか。日本の子どもたちを主体的な選び手として認めてくれたまつかわさんに乾杯！

晴れた日には鉄筋校舎を抜けだして

福家珠美

▼バーバパパの友だちのかわいいふたごが一年生になりました。ところが、入学した学校では、子どもたちが教室でやりたい放題に大暴れしています。先生は「お手上げだ！」と退散し、かけつけた市長さんやおまわりさんにも手がうてません。そこでバーバパパの家族は、いたずらっ子たちの好きなことを見つけて、みんなで楽しみながら勉強することを提案します。

『バーバパパのがっこう』
アネット・チゾン＋タラス・テイラー＝作
山下明生＝訳
講談社、1976

一年生たちは、期待とやる気でいっぱい！

ぴっかぴかの一年生、入学するとすぐに「早くお勉強したいよ」「学校のお仕事したい！」「先生のお手伝いしたい！」と、なんでも自分たちでやってみたくてうずうずしています。このやる気いっぱいの時期に楽しい学習、楽しい学級活動をはじめない手はありません。担任の私も、魔女や宇宙人やバカ殿に変装しては歌ったり踊ったり、子どもといっしょにからだと心をフルに使って遊びます。遊び心いっぱいの授業をとおして、わくわくするような知的好奇心を伸ばしてほしい……教師ならだれでもそう願っています。そしてその願いにまっすぐに応えてくれるのが、一年生のすばらしさ！　担任が楽しめば楽しむほど、子どもたちにその楽しさが伝わっていく気がします。そんな一年生にはこの『バーバパパのがっこう』がぴったりです。

さて、ときはいまから十五年以上まえの一九九〇年ごろのことです。その年、私は埼玉県の公立小学校で一年生を担任。五月の連休明け、少し学校になれたころに、この絵本を読み語ってみました。すると……。

題名の書かれたページから、踊っている子どもたちの絵。その楽しそうな雰囲気に、踊りの好きなわがクラスの子どもたちは期待に満ちたまなざしです。はじめて学校に行く日、赤い屋根のお城のような学校、そのまわりの山の斜面には羊たちや干草を刈るお百姓さんがいて、とてものどかな風景です。

「あれが学校？」「お城みたい」「いろんなお部屋がありそう」「すぐそこに羊もいるよ。いっしょに遊べる？」

ところが、一歩、教室にはいったら学級はめちゃくちゃ。暴れまわる子や、泣いたり怒ったりしている子たちで大騒ぎ。そのありさまに大人たちはけわしい表情をしています。見ている子どもたちはちょっと驚いて、「なんだろう？」と不思議そうな表情です。

そのうち、バーバブラボーが楽器に変身し、子どもたちが踊っているシーンが出てきました。「ラッパになったよ」。子どもたちの表情が少しほっとした気がします。それまでのページで、子どもたちの泣いたり怒ったりしている顔を見ていたときとはちょっと違います。

そうです、バーバパパたちの家族はいたずらっ子たちの好きなことを見つけて、みんなで楽しみながら勉強することを提案したのです。ですから、戸外でのダンスや音楽、庭づくりや畑づくり、山小屋づくりに機械設計、動物観察、運動、壁いっぱいの描画や造形、好きな本を使っての国語の授業……。ページをめくるたびに、つぎつぎと楽しい授業風景が紹介されはじめました。

いいなあ、バーバパパの学校って

「いいなあ、木がいっぱい。お外で音楽してるんだ！」「機械も全部つくってるよ」

子どもたちの目がいちばん輝いたのは、なんたって山小屋づくりです。草のつるや木の枝を集めてきて、組みあわせたり編んだりして自分たちの住める小屋をつくっているのですから、やってみたくてたまりません。

「木の上に登って遊べるんだ」「ほんとにこうやってつくれるの？」「学校に木がいっぱいあるんだね」「木の上の基地になるよ」

その横には川があり、ビーバーが巣づくりをし、カエルや魚が泳ぎ、水鳥がおしゃべりしています。

「これ、さっきの川だよ」と言って最初のページをめくり、橋の下を流れる川を指さしている子もいます。

「川でお勉強してもいいんだね」「いいなあ、ずっと川でお勉強してるのかな?」

子どもは川や水が大好きです。水遊び、川遊びなら一日じゅうでも飽きません。学校から帰ると毎日、自然公園の小川で遊んでいると話してくれたユウスケくんは、うらやましそうに見ています。

図画工作のお勉強では、教室の壁いっぱいに好きな色、好きな形の絵を、何人もの子どもたちで思うぞんぶん描いています。たっぷりの水に溶かれた色とりどりの絵の具に筆をドボンといれて、高いところまでよじ登って描いています。

「外の壁にも描いてるよ」「屋根から滑りながらお絵かきしてる」「てっぺんも塗ってる!」

高いところによじ登ることが大好きで、ジャングルジムおにに夢中のタカエちゃんが言いました。

粘土での焼きものづくりは、外に出て本物の粘土を使っているのでしょうか。「回転ろくろ」をはじめて見た子どもたち、「へえ~」と目をまるくしてます。最後の場面は、バーバパパが大きく揺れるブランコのような遊具に変身して、子どもたちと遊んでいます。ダイナミックな揺れ遊具や回転遊具は、子どもたちが遊びたくてたまらないものです。

最後は、逃げだしていた先生も戻ってきました。バーバパパの学校では、この先生も教室ではなく、外に出て明るい青空の下で勉強することにしています。

楽器を持って、外に出よう

「先生もほんとはお外がよかったんだね～」

シゲヒロくんが納得顔で言いました。「ぼくたちもお外で勉強しようよ！」。

さあ、読みおわったら子どもたちと相談です。

「ねえ、バーバパパたちみたいな学校にしない？」と私が話をもちかけると、「やったー！」の歓声です。さっそく好きな楽器を持って散歩に出かけました。

すず、カスタネット、マラカス、鍵盤ハモニカ、タンバリンなどを片手に子どもたちと公園に行きました。広い芝生の上でまるく座り、「一年生になったら」を歌いました。持っていったテープの曲にあわせて楽器を好き勝手に鳴らしました。見渡すかぎりの芝生のうえで。

公園のなかをしばらく行くと、木立のなかで高校生の応援団が、詰襟《つめえり》にハチマキ姿で応援の練習をしていました。そのお兄さんたちの動きがロボットみたいにカクカクしていて、おまけに一糸乱れずそろっているので、子どもたちは「おもしろーい！」とゲラゲラ笑っています。そこで、高校生の応援団の「チャチャチャチャ、チャチャチャチャ、チャチャチャチャチャチャチャ」という三三七拍子にあわせて、子どもたちが楽器を一斉に鳴らしたから大変です。応援団を指導していた先生らしき人にカッとにらまれ、みんなで大騒ぎしながら公園を逃げだしてきました。戸外での音楽の授業はこんなハプニングもあり、とっても愉快！

考えてみれば、午前中のいちばん陽気のいい時間帯に、外の空気を吸って土をふんで緑にふれ、からだをおもいきり動かして活動することは、子どもの自然な身体リズムにかなったことではないでしょうか。そんなゴールデンタイムに、人工的な鉄筋の建物のせまい教室のなかでじっと座っているほうが、かなり不自然なことのように私には思われてなりません。

というわけで、その後、一年をとおして私たちのクラスは、戸外で絵を描いたり、算数ゲームをしたり、虫さがしをしたり、秋の木の実ひろいをしたり、青空教室をたびたび楽しんだものでした。

おさだまりの係活動なんて

さて、話は戻ります。その日、公園から帰ると、子どもたちと私はクラスの係決めをしました。

「自分の好きなことで好きな仕事ができたらいいな。バーバベルがダンス、バーバモジャがお絵かき、バーバララが音楽、バーバリブが小屋づくりのリーダーだったでしょう？　そんなふうに自分の好きなことで好きな係をするって、どう？」

私がそう言うと、子どもたちは身をのりだしました。

「わたし、歌と踊り！」「ぼく、虫さがし！」「ぼく、なんでもつくっちゃうよ」「私は外遊びがいい」「おいしいもの食べたい。お料理してもいい？」

というわけで決まったのが、「うたとおどり係」「いきもの係」「おへやかざり係」「あそび係」「おりょうり係」「えほん係」など。それぞれの子どもたちが自分の大好きな活動を考えました。

通常、係活動といえば「でんき係」（教室の電気をつけたり消したりする）、「おはな係」（花瓶の水をとりかえる）、「こくばん係」（黒板をきれいに消す）、「くばり係」（プリントやノートを配る）など、教師の仕事の下請けや、だれがやっても変わらないようなルーティン・ワークが多いものです。でも、そのような係では、その子らしい創意や工夫は発揮されないし、心の底から「この仕事がしたい！」というう情熱はわきおこらないのではないでしょうか。むしろ、電気を消したり、黒板をきれいにしたりするようなことは、決められた人だけがするのではなくて、気がついた人がすすんですればいいことです。自分たちの身のまわりのことですから、人まかせにしないで、だれもがやることにすべきだと私は思います。

でも、係活動は違います。学級を楽しく生活しやすくするための自治活動は、自分にしかできないこと、自分が好きなことをとおしてとり組むことで、自主的に楽しくできるのではないでしょうか。

そんな私の思いとバーバパパたちの思いが重なって、子どもたちも自分のやりたい活動を係活動に選んでくれました。係活動をはじめてからの『せんせい　あのね』（日記）を見ると……。

「わたしはうたとおどりがかりでよかったです。にっちょくがおわるとすぐにうたをやるので、わたしははりきってでてきてげんきなこえでうたいます。おおきいこえでうたってたのしいです」

（アサコ）

「ぼくはかざりがかりになりました。おおきなかみにくれよんでかいじゅうかきました。かべにい

っぱいはりました。五にんではりました。かべがかっこよくなりました」（ハルキ）
「きのう、ぼくはかぶとむしのようちゅうをみつけました。三くみでかってもいいとせんせいがいいました。ぼくはいきものがかりだから、ようちゅうをそだてます。しんちゃんもいきものがかりだからいっしょにやります」（ナオヤ）
「ぼくはおりょうりがかりです。せんせいがなにたべようか？といったので、かんがえました。でもけーきはむずかしいので、ふるーつぽんちをつくります。ぼくたちがつくりかたをおしえます。がんばります」（ユウスケ）
「ほんがかりはおもしろいほんをとしょかんからかりてきます。おもしろいほんをみんなにおしえます。おもしろいほんをいっぱいよみます。おもしろいほんをならべます」（エミ）
『バーバパパのがっこう』のおかげで、うちのクラスの子どもたちも「好きなことをして自分たちで学校を楽しくする」活動をどんどん見つけてくれました。
いつかこの子たちが大きくなったときも、こんなふうに自分の好きなことや、やりたい活動にとり組んでくれたらいいな、そして好きな活動をとおして、自分たちの生活や地域を自分たちの暮らしやすい楽しいものにつくりかえてくれたらいいな、そんなすてきな生き方をしてほしいな、と私は願っています。

『バーバパパのがっこう』©1976 Annette Tison & Talus Taylor

四年一組・校内魔界探検隊

福家珠美

▼学校でもっぱら「幽霊屋敷」とうわさされている謎の館。夏休みの初日に文太と雄一は探検に出かけた。というプロローグからはじまるこの短編集は、一つのおはなしが、みな、幽霊屋敷レストランで出される料理の一品一品に見立てられています。昔話から現代のおはなしまで、日本のみならず外国のおはなしもとり入れた、まさにフルコースメニューの怪談本です。

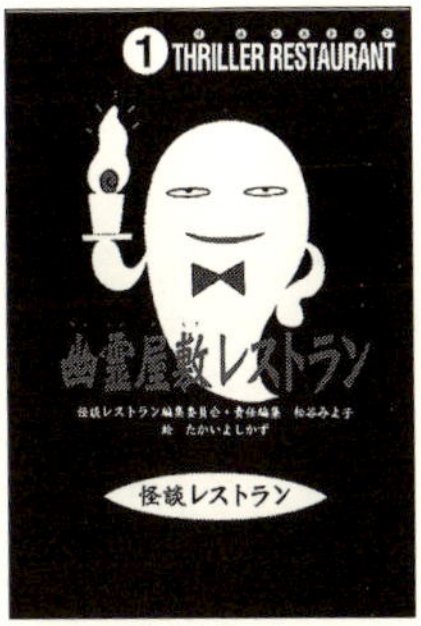

『幽霊屋敷レストラン』「怪談レストラン」①
松谷みよこ=責任編集
怪談レストラン編集委員会=編
たかいよしかず=絵、童心社、1996

どの子も好きな怪談、妖怪、ホラーなおはなし

子どもというのはなぜ、あんなにこわいおはなしが好きなのでしょうか。何年生を受けもっても、かならず「こわいおはなしして」とせがまれます。学級文庫に置いてあるおばけや幽霊の本は年中、貸し出されていて、すぐにボロボロになってしまうほどです。

そんなこわいおはなしのなかでも、中学年にとりわけ人気があるのが、この『怪談レストラン』のシリーズです。

本の扉を開くと、そこはレストランの入り口。玄関を通りぬけ、席に着くやいなや、見開きで、血痕《けっこん》あざやかなメニューが差しだされます。たとえば、「幽霊城のバーベキュー――イタリアの特上肉をつかった、血のしたたるステーキ」とか、「ふすまのない家――ちぎってやぶいておしてのばして……うらみのこもった手打ちの味を楽しんでください」など、シェフのおすすめを見ただけで、読者はドキドキ、フルコースでたっぷり堪能したくなります。

この本なら本になじみのない子でも、読んでいる友だちの目の真剣さにつられて、本棚に手を出してきます。だから、私はいつも、このシリーズは四月の新学期から学級文庫にそろえておくのです。この手の本はこちらがひとことも紹介せずとも、みるみるうちに子どもたちの口コミで広がるので、比較的早い時期に、みんなが本に親しむ空気をつくる、よいきっかけとなります。こうして学級づくりのはじめのうちに、読書の間口をうーんと広げて、だれもかれもがすーっと本の世界にはいってくれたらしめたもの、そこから少しずつ、読書は確実にその学級の重要な文化へと育っていきます。

さて、ある年の四年生の子どもたち。一学期のうちからクラスのほとんどの子が、この『怪談レストラン』シリーズのとりことなりました。とくに、外遊びばかりで本などふりむきもしなかった男の子たちが休み時間、食いつくように読んでいます。しかも一冊読むと、かならずシリーズのほかの巻が読みたくなるらしくて、子どもたちは争うように「つぎはおれが『妖怪レストラン』やで」「ちゃうわい、うちが予約してたんやで」と取りあいっこ。一冊たりとも学級文庫の本棚におさまっていたためしがありません。

怖いようで怖くない、でも怖い

さて、レストランシリーズをめぐる子どもたちの会話に耳をすますと……。

「この本ってこわいんやけど、それほどこわないやんなあ」

「けど、こわないようでこわいんや」

「なんや、それ？」

「うちなあ、テレビのこわいドラマとかあかんねん。めっちゃ苦手」

「そやそや、うちもテレビでこわいん見たら、ひとりでトイレなんか行けへんわ」

「テレビやと血がドバーッ、みたいので、キモいしなあ」

「この本ぜんぜんキモないやん」

「はじめとか途中ドキドキしてけっこうこわいんやけど、キモないから、最後まで読んでもだいじょうぶやねん」

「本でもな、めっちゃこわいのあるやん。『学校の怪談』もけっこうこわいで。そういう本かて、昼間読んでるんはおもろいけど、夜はこわなってしゃーない。夜、窓の外ぜったい見られへんようになるわ」

「『学校の怪談』、絵もめっちゃこわいしなあ」

「『レストラン』って絵はかわいいやん」

「うちもこの絵が好き。このキャラクターグッズほしいわ」

見ると、その子のノートや教科書には、おばけやらガイコツやら魔女やらのいたずら描きがはしばしに見られます。みなレストランシリーズに登場する挿し絵です。単純な線描きで描けるし、ちょぴりとぼけていてかわいい妖怪やおばけたち。これならおどろおどろしいイメージとはほど遠い感じです。たしかに文体にも、リアルに血なまぐさいような表現はありません。「こわく思わせてやるぞ!」といった強迫的な表現ではなく、無駄のないからりとした文章で「単純な残酷さ」が表現されているのです。これなら、子どもたちの言うように「こわいけどこわくない」はずです。

真実味のある「霊たち」の話

「おばあちゃんが言うとったで。戦争のときな、大阪でそこらじゅうがみーんな焼けてもうて、人がぎょうさん死なはったんやで。そのあとな、あっちこっちでひとだまとか出たし。戦争が終わってずっと経ってからも、その日になると、だれも来《き》いひんのに夜中に玄関が開いとったりするんやって。ほんま」

「それってほんま? そんなら『レストラン』の話もやっぱりほんまや」

「うちのおとんが言《ゆ》うとったけど、病院に入院してたときに、夜中にだれもいいひん廊下で女の泣き声とかするるんやって」

「やっぱりほんまや」

たしかにこの『レストラン』シリーズでは、沖縄の集団自決でなくなった人びとの霊がさまようおはなしや、医者に見捨てられた不治の病の患者の恨みなど、現代社会の問題を背景にした怪談などもちりばめられています。だから子どもたちは、戦争を体験したおばあちゃんや身近な家族から聞いた話を思い出したのでしょう。現代社会においても、人から人へと語りつがれる「民話」があることに、子どもはいつのまにか気づいたようです。それゆえ、このレストランでのおはなしは、子どもたちにとっていっそう真実味をおびたものとして映ったのではないでしょうか。

職員室の天井から足が出た！

夏休みがあけたばかりのころ、そんな四年一組で、ある事件が起きました。

まだまだ夏の盛り、子どもたちは炎天下の運動場で遊ぶのがつらいのか、外遊び大好きっ子たちなのにほとんど校庭に出ている姿を見かけません。そのかわり、おたがいに寄ると触るとうれしそうに耳打ちをし、休み時間になると、大勢でさっと教室からいなくなります。校舎の日陰を選んでかくれんぼでもしているのか、涼しい校舎の裏や講堂のまわりをうろうろしているのか、と思っていたのですが……。

と、その矢先のことです。講堂と同じ棟にある職員室で、昼休みに教師たちがほっとひと息ついていると……、

バキバキバキー！

いきなり私たち教師の机の上に、頭上の天井板が何枚も落っこちてきたのです。と同時に、

「ギャーッ！」

いくつもの黄色い叫び声。驚いて見上げると、天井板の抜け落ちた穴という穴から、細い二本足がにょきにょきと突きだし、バタバタしています。ももまですっかり突きだしているもの、ひざのあたりでくい止めてなんとか上にはいあがろうとしているもの、どれもこれも見覚えのある上履きや靴下が、必死に宙でもがいているのです。

と、それに続いて、ドドドドドーッと群れをなして走る足音。いったいなにごとかと肝をぬかれながら、私たち教師は、隣の講堂に走りこみ、ギャラリーに駆けあがりました。けれども、ギャラリーのどこから天井裏にぬけられるのか、さっぱりわかりません。

すると、ギャラリーのじゅうたんや掃除用具がしまってある倉庫の奥のほうから、私のクラスの子どもたちが、ぴょんぴょん跳びだしてくるではありませんか。悲鳴をあげたり、真っ青になったりしながら、これでもかこれでもかというほど、子どもたちがそのせまい倉庫のなかからつぎつぎ跳びだしてくるのです。およそ三人くらいしかはいるスペースのないその倉庫から出てきたのは、私のクラスの二十人もの子どもたちでした。

さて、いうまでもなく、子どもたちは校長先生からこっぴどく叱られました。もちろん、私もいっしょに、校長室で首をうなだれて。わが四年一組のほとんどの子が、徒党を組んで、倉庫の奥のねずみ穴から天井裏にはいりこみ、懐中電灯を手に、幽霊探しにくり出していたのですから。掃除の時間にその穴を見つけた子が、天井裏に幽霊がいるとまことしやかにうわさしはじめ、はじめは数人ずつ、だんだん人数が増えていきながら、幽霊屋敷探検が何度となくくり返されていたそうです。

伝承されてきた秘密の世界

くやしいかな、大人はその小さな穴を通りぬけることができないので、なかのようすは子どもから聞くしかありません。真っ暗な屋根裏はクモの巣があちこちに張られ、ミシミシいう板の音は、子どもたちのこわいもの見たさの気持ちをすこぶる刺激したそうです。子どもたちは、板と板のあいだからもれ聞こえる先生たちの会話や、小さな穴からのぞく職員室のようすもしたたかに楽しんでいたよう。広い天井裏を探っていると、柱に上級生の名前が刻まれていたり、お菓子の箱が置いてあったりして、子どもたちは「上級生もここに幽霊を探しにきたんだ」とワクワクしたそうです。

こうして、たちまちのうちに人数が増え、家から懐中電灯を持ってこようとか、お菓子を持ってこようとか、規模も徐々に大きくなっていって、ついに天井板を突き抜けるほど大規模な探検隊となってしまったようです。

校長室にはいった二十人あまりの子どもたちは、つぎつぎと、

「幽霊がいるかもしれへんとおもて……、ごめんなさい」

「ほんまに幽霊がいるんやったら、ひとりで行ったらかなわへんし」

「友だちぎょうさん連れてったら、幽霊出てきよってもこわないし」

「六年生のフジヅカくんらも、ずっとまえに、ここで幽霊みたいなの見たって言うてたから」

「先生たちに内緒にしてごめんなさい」

「でもほんまに幽霊に会《お》うたら、先生にも教えたろって、みんなで話してたんや」

と言いながら、泣きじゃくりました。

『怪談レストラン』シリーズにどっぷりハマっていたこの子たち、ここに幽霊がいるってかなり本気で信じていたのかもしれません。子どもにとって異界と日常世界の境い目は、ほんの身近なところにあるのだとつくづく感じました。

さいわい、この事件でけが人は出ず、むしろ「けがの功名」でわが四年一組の団結はいっそう強まりました。本の世界から生まれ育った「想像力」こそ、子どもどうしを結ぶ強いきずなとなるのですね。

エスカレートする災難をおおいに笑う

徐　奈美

▼トミーの家は電気じかけです。朝になると、ベッドが自動的に動きだし、着替えも食事もさせてくれます。なにもかもやってもらって、怒られることもありません。子どもたちにとって（大人にとっても）、うらやましいかぎりです。ところがある夜、大雨の影響で電線が切れて、トミーの家に電気が届かなくなってしまったのです。

『ものぐさトミー』
ペーン・デュボア＝文・絵
松岡享子＝訳
岩波書店、1977

電気じかけの家が停電したら？

主人公の男の子の名前は、トミー・ナマケンボ。この名前を聞いただけで、もう子どもたちは、クスクス笑いだしています。トミーが住んでいる電気じかけの家は、朝、お日さまがのぼって、窓辺が暖まったころから動きだします。まずは、ベッドがななめにもち上がり、トミーを下に落とします。落ちるあいだにパジャマがぬがされ、下にはふろおけが待っています。そのつぎは、乾燥室へと送りこまれ、四方八方からの風で乾かされます。さらに、歯みがきも着替えも電気じかけでおこなわれていき、車つき移動台にのって食堂へと運ばれます。

そこで待っているのが電気食事機です。しかもこれまた、朝ごはんの量が多いのです。冷たいおかゆ、熱いおかゆ、バナナ五本、りんご四つ、たまご六個分のいりたまご、ベーコン十きれ、ジャムつきトースト八枚、そのあとに、オレンジジュースがコップ五杯、ミルク十杯、おしまいにココア七杯、といったぐあいです。食事を終えると、大きなナプキンでトミーの顔をふいてくれるのも電気食事機の仕事。これで、トミーの一日の仕事はほぼ終わり。あとは、おそろしいほど長い階段をのぼって、すてきなベッドにたどりつけばいいだけです。

ところが、ある夜、大雨の影響で電線が切れてしまい、トミーの家に電気が届かなくなります。ここで、子どもたちは考えます。さすがのトミーも、自分で起きるしかないだろうな、と。ところが、なまけんぼうのトミーは、ずーっと眠りつづけたのです。電気が通じたのは、七日後でした。トミーは七日間、眠りつづけたのです。七日後、機械は動きだしましたが、おふろの水が冷たかったり、電気食事機には七日分の食事がたまっていて、いっぺんに流しこまれたり、とさんざんなことになってしまいました。

トミーの朝ごはんが七倍になったら?

このおはなしを聞いている子どもたちは、大笑いです。そんなにうまくいくわけないよな、と思っていたとおりにトミーがあう災難を笑ってしまうのです。どんな機械がトミーの家にあるか、おはなしの前半で知った子どもたちは、それらがすべて七日分になっていたらどうなるか、予想しながら聞いていくのです。それがみごとにあたっていくわけですから、もううれしくてしかたがありません。クラスじゅうで、大笑いしながら終わりまで進んでいきます。とくに、子どもたちに人気の場面が二つあります。

一つは、トミーの家に電気が戻り、ふたたびおふろに送りこまれたときです。温められずに冷たい水のままだったおふろに驚いたトミーは、さかさまのままつぎの機械に進んでしまいます。そこで、電気歯みがきしぼりだし機が、トミーの足の裏に練り歯みがきをしぼりだしてしまうのです。どの子どもも、自分の足の裏をくすぐられている気持ちになるのでしょう。つぎつぎと笑いだします。

二つ目は、さかさまになったままのトミーが電気食事機に送りこまれたところです。子どもたちは、トミーが朝ごはんに、冷たいおかゆ、熱いおかゆ、バナナ五本、りんご四つ、たまご六個分のいりたまご、ベーコン十きれ、ジャムつきトースト八枚、を食べ、そのあとにオレンジジュースをコップ五杯、ミルク十杯、おしまいにココア七杯を飲むことを知っています。ですから、一週間分ということは、その七倍！　もう、それを想像しただけで面白いのです。しかも、それが足の裏へと落とされるのですから。

このおはなしを読むのは、かけ算を学習したあとの二年生の三学期、もしくは、三年生にしています。習ったかけ算を駆使して、トミーの食事の量の膨大さを想像できるからです。そして子どもにとって、想像したことがストーリーのなかで証明される、ということはとても大切なことのようです。「やっぱり、ぼくが、わたしが思ったとおりだ！」という信頼感と安心感を本に抱きます。

この絵本の絵がまた、とてもいいのです。トミーという男の子は、少し太っています。着替える場面でのおなかのふくらみぐあいの、なんてちょうどいいことでしょう。それに、なまけんぼうなところ、されるがままになることを少しもいとわないような表情がじつによく描かれています。

この本は、教室でひとつのおはなしを読んで、大笑いする時間の大事さを教えてくれます。おはなしの先を予想できない子どもも、なかにはいたと思います。それでも、友だちが大笑いしているようすにつられて、笑ってしまうのです。そして、つぎにはなんでみんなが笑ったか、自分も知りたいと思い、おはなしに耳をかたむけるようになってくれるのです。

料理できるぜ、十歳の名コックたち

福家珠美

▼子どもむけのクッキングの本はたくさん出ていますが、そのほとんどがどことなく女の子っぽい雰囲気で、男の子はなかなか手を出しにくいのではないでしょうか。ところが、この本は表紙からして男の子がメインで登場しています。これがまず男の子を引きつけます。コラムに書かれた材料や栄養に関する豆知識も、子どもに人気があります。

『おいしくつくっておやつのじかん』
藤井洋子＋安田あや子=著
高橋由為子=画
童心社、1988＊

待ちに待った料理の時間

子どもにとって誕生日は、一年でいちばんうれしい日です。だから月ごとのお誕生日会は子どもたちの創意で、「お誕生日の人が喜んでくれる」会を工夫しています。とりわけ四年生をもったときは、十歳ということもあって、「お誕生日会は二分の一成人式だ！」と、子どもたちはいっそうはりきります。たとえば、ある年受けもった四年生は、十歳のお誕生日会を一年間とおしてクッキング・パーティーでお祝いしました。

大人と同じような仕事がしたい、とりわけ食いしん坊の盛りだから、料理には興味津々、あとで食べられるというごほうびつきの仕事だからやってみたくてたまらない、でも家庭ではあまりやらせてもらえない、学校でもまだ調理実習はやらせてもらえない。やる気はいっぱいなのになかなかチャンスがないのが四年生なのです。だからこそ、四月、はじめてのお誕生日会では「ドラヤキをつくろう！」ということになりました。

「きょう、ぼくはドラヤキを作りました。どんな形でどんな色をしているのかわくわくしていました。ぼくはドラえもんのドラヤキと同じように作れたらいいなと思いました。いま、はじまりました。ホットケーキを作るみたいでした。皮のほうは最初は失敗したけど、あとのほうは失敗しなくなりました。つぎはいよいよ待ちに待ったクライマックスの、あいだにあんこやカスタードクリームをはさむときがきた。ドラヤキを食べる時間は昼ごはんを食べたあとでした。早く食べたくて食べたくて、昼ごはんを早く食べました。ぼくは四こドラヤキを作った。だけどおなかいっぱいで苦しかったけど、全部食べきりました。おなかいっぱい食べたけどもっといっぱい食べたかったです。まんがみたいにはいかなかったけれどおいしかったです。材料わすれたけど材料を思い出したら家で作りたいです」（アキオ）

こうしてすっかりお料理のとりこになった子どもたちは、お誕生日会ごとのクッキングを心待ちにするようになりました。そして回を重ねるごとに、料理の腕前も厨房のチームワークもどんどんグレードアップしていったのです。腕を上げはじめたころからは、誕生月の友だちに「好きな食べ物は？」と聞いて各グループでそれぞれメニューを考えたり、下級生のクラスにおすそわけするため倍の量をつくったりと、自分たちのためだけでなく、友だちや小さい子のためにつくりたいという気持ちも芽生えてきました。

男の子もひきつけるマイ・メニュー

そんな子どもたちの強い味方だったのが、『おいしくつくっておやつのじかん』です。子どもたちはこの本の目次を見てはメニューを相談し、「先生、このつくり方のページ、ぼくたちのグループの人数分コピーして」と持ってきます。そして材料を計算して買い物を分担したり、手順を確認して役割を決めたり、大騒ぎで話しあいます。自分たちのできる範囲や工夫に応じてアレンジしたり、ユニークな料理名を考えたりと、レシピをまんなかに、クッキング当日が待ちどおしくてしかたないようすです。

子どもむけのクッキングの本はたくさん出ていますが、『ひとりでできるもん！』（平本ふく子＝監修、金の星社）をはじめ、そのほとんどが、なんとなく女の子チックな雰囲気をただよわせています。表紙からして女の子だけが描かれていて男の子の姿は見あたらないとか、ページをめくるとフリフリレースのエプロンとかピンクの花柄やハート、テディベアいっぱいのテーブルウェアがあふれ、男の子が手を出しにくいのもわかります。

ところが、この『おいしくつくっておやつの時間』は表紙から、フライパンを抱えてミニシェフぶりを見せている男の子がいます。目次を開くと、「たけしくんとつくるチーズボール」「りょうくんとつくるカナッペ」など、男の子をその気にさせるメニューが紹介されていて、「みどりちゃんとつくるアイスクリーム」といった女の子のお得意メニューに負けないシェフメニューが登場しています。これがまず男の子をひきつけます。ある男の子は、実際に料理をしあげた瞬間、「しょうたくんのフレンチトーストができたぜ!」とメニューに自分の名前を冠し、誇らしげに胸を張っていました。

料理の歴史も自分で経験

レシピはカラー写真ではなく、あっさりした二色使いのイラストで、甘すぎず、かわいすぎず、適度に実用的な雰囲気が、かえって男の子にはうけているようです。「ジャガイモは大地のリンゴ」「大むかしの冷蔵庫は大地のさけ目」など材料や栄養にまつわる豆知識が書かれたコラムもあり、子どもたちは驚いたりしながら、関心をもって読んでいます。たんなる「知識」としてではなく、自分たちがその材料を選んだり、調理したりする過程で読み、知ったことなので、不思議さや面白さが実感できるようです。

ある子は、「サンドウィッチはサンドウィッチ伯爵がトランプをしながらでも食べられるメニューとして考案した」とコラムで知り、さっそくウノをしながら車座になってサンドウィッチ・パーティーを開いていました。また、コラムでチーズの由来を知った子は、真夏の暑い日中、わざと牛乳を外に出しっぱなしにし、さんざんな目にあったそうです。

こんなふうに、この本を男の子も女の子も楽しみながら、子どもたちはお誕生日会のたびごとに、☆（すぐつくれます）から☆☆（ちょっと手をかけて）、☆☆☆（さあ、がんばろう）へと少しずつむずかしいメニューに挑戦していきました。

「きのう、十一、十二月のお誕生日会があった。ぼくの班ではミートスパゲッティーとチョコチップクッキーを作りました。最初にチョコレートを細かく切りました。おいしそうでもったいないと思いました。それをなべに入れかえて温めました。おもちがとろけるようでした。……お友だちの顔をしたクッキーを作りました。焼いているときわくわくする気持ちでした。できあがったクッキーを見ると、家で作っているよりも色がうすくて友だちの顔そっくりにできた。思わず笑ってしまいました。食べてみるとおいしかったけど、顔の形をしているのでちょっと変な気がしました。またみんなで作ってみたい」（マサヒコ）

一年間きたえた腕でお客さんをご招待

「二月十九日にお誕生日会をしました。料理も作りました。私たちの班はライスコロッケだけど、中身はなんと〝そばめし〟です。男の子はライスコロッケを作って、女の子はクッキーを作りました。クッキーの方は一回だけ順番をまちがえてしまいました。バターを先にクリーム状になるまでまぜなければいけないのに、小麦粉三カップの方に固いまま入れてしまったのです。でもすぐ気がついてよかったけれど。……クッキーの型を取るとき、生地がグチャグチャになって何回も何回もやり直してしまいました。生地がなくなるとオーブンですぐ焼きました。できあがるのが楽しみでした。だってまえにカレーライスを作ったとき、野菜がすごく固くて、みんな固いニンジンとかジャガイモを残したからです。でももう失敗したくないので、心の中でつよく『今度はおいしくできますように』と思って作りました。そう思ったからかおいしくできました。とってもうれしかったです」

（アサコ）

「今日、お誕生日会をしました。私たち六班はケーキとたらこスパゲッティーを作りました。ケーキは生地（スポンジ）を作るところまではいいけれど、型に流し込んで焼いて、出したら、クッキーみたいにコチコチになってしまいました。生クリームはまちがってミルクを入れてしまったのでクリームにはならなくなってしまいました。でもなんとかイチゴとロウソクでごまかしました。けれどたらこスパゲッティーは成功しました！　のりをみんなたっぷりとのせて『いっただきまーす！』。とてもみんながんばったのでおいしく食べられました。ケーキはロウソクの灯もともしてみんなで『ふっ』と消しました。みんなでクラッカーをパーン、パパパーン、パン、パーンと鳴らしました」

（マキコ）

『おいしくつくっておやつのじかん』で紹介されていた「あやこちゃんとつくる野菜クッキー」を

チョコチップ・クッキーにアレンジしたり、「けいくんとつくるライスボール」の中身をバターライスではなくそばめしに変えたり、子どもたちのアイデアで、この本で紹介されていたメニューもぐーんとバリエーションを広げた気がします。

こうして四年生の子どもたちは、試行錯誤をくり返しながら、とうとう一年間に九回もクッキングパーティーを開いたのです。そして三月末、いよいよクラス替えをひかえたお別れ会の日に、最後のクッキング・パーティーを計画、お客さんを招いてのレストラン祭りを開くことにしました。六グループそれぞれが三、四品の料理をつくってレストランを開店するのです。当日は、保護者や先生たちを招いてたっぷりごちそうすることができました。

宴のあと、自分たちの屋台に「満員御礼」「売りきれ」の札をかけながら、子どもたちは「ぼくたちもう十歳だからさ、もう半分大人だからな」ととても誇らしげでした。

男の子の性を語る、ありがたい助っ人

福家珠美

▼外性器、内性器の仕組みをとおして、勃起や射精について科学的な説明をしている絵本です。けれども、父と息子のお風呂のなかでの会話というリラックスした場面を導入部分としているので、少しもかたい感じがしません。気持ちいいと感じることは、人間にとって大切なすばらしい感性だと語っています。

『おちんちんの話』
やまもとなおひで=文
ありたのぶや=絵
子どもの未来社、2000

教わらなかった性をどう話す?

性教育は日進月歩の勢いで変化しています。私が小学生だった一九七〇年代は、女子だけを集め、月経の説明をし、男子にはまともな性教育などされていませんでした。ところが、ここ十数年のあいだに、性教育の必要性はだれもが認めるところとなり、教師も子どもも、おおらかに性について学び、語りあう時代となってきました。

とくに変化したのは、男性の性についての学習が、両性にとってたいへん重要だとされてきたことです。そんな性教育の発展のなかで、『おちんちんの話』は、男性の性を小学生にもわかりやすく説明した絵本として登場しました。

絵が大きいので授業でも使いやすいです。また、ちがう性である女性にも読み語りやすくなっています。それは、お父さんから息子へという、親しみをこめた語り口でストーリーが進んでいるからでしょう。

また、家庭でわが子に性について伝えたいときにも、この本が最適なきっかけとなるはずです。自分の口で語るにはどう語ったらよいかわからないお父さん・お母さんも、絵本に自分の思いを重ねて語るなら、抵抗感が少なくなるでしょう。なんといっても、親の世代の多くが、自分の親からきちんと性について教わった経験がないのですから、どう話したらよいのか、とまどう人も多いはずです。そんなとき、この本はありがたい助っ人となるはずです。

さて、私も、四年生の子どもたちといっしょにこの本を読みました。それまでに子どもたちは、性についての四時間の学習を経ていました。そして、四時間目の終わりに、女性の月経と同じように、男性にも射精があり、精子ができましたよというサインが送られることを話しました。

もう、その日から子どもたち、とくに男の子は「早く射精のこと教えて」と言いはじめ、日記に「ぼくは今日、はらいたをおこしているから、しゃせいかもしれない」と不安を書いてくる子もいました。そこで、さっそくこの『おちんちんの話』を読んだのです。

まっすぐ、さわやかに語りあえる素地

読みはじめてまもなく、男女の裸の絵が出てくると、数名の子たちはニヤニヤ笑ったり、てれかくしのために茶化したりしていました。が、それまで続けてきた授業をとおして子どもたち自身が成長していたのか、「大事なことなんだぞ。笑うなよ」とか「ふざけてたら大人になれないよ」などといさめる子もいて、すぐに真剣に絵本に集中しはじめました。

主人公の太郎が、ある朝とつぜん勃起してびっくりするページでは、男子のまなざしがひときわ絵に一点集中、顕微鏡で見た精子の絵には多くの子が驚いているようです。ふだんなら、読んでいる最中に思いついたことや感じたことを口にする子も、きょうはなぜだか口をつぐんだまま、目だけはページに向かって光らせています。

授業のあとの子どもたちの感想をいくつか紹介すると――

「『おちんちんの話』に書いてあったけど、おちんちんをさわると本当にきもちいい。ペニスが固くなることをボッキというんだ。はじめて知った。ボッキになったときペニスをいじったらよけい固くなった」（タカユキ）

「ペニスとワギナがいちばん大事なところだとはじめて知った。射精は男子だけなるけど男子のなかでも中学生くらいになることを知り、男子も大人になるためには大変なんだなあと思った」（ユ

カ）

「わたしの弟はまだ小さいけど、もっと大きくなったらぼっきがおこるのかな。お父さんはもう何回もなってると思うな」（ケイコ）

「この本を読んでもらう前にぼっきになりました。いつも一回はなります。おちんちんをさわっていれば、上に立ちます。テレビでプロレスとか野球を見ているときやびっくりした時になります。朝になったり、ぼっきになった時に、見ると、中に血管が見えます。いつも見えないのに」（レオ）

学級のだれもが、さらりと自分の体験や感じたことを書いてくれたので、私はさっそく、翌日の学級通信に子どもたちの感想を載せて、みんなで読みあいました。読みあいながら、「ぼくもそうだよ」などと、ごく自然に自分たちのからだについて話しあうことができました。とくに男の子は「ぼっきになったりするのはぼくだけじゃなくて、ほかの友だちもみんななっているんだ」ということを知り、とってもほっとしたようです。男子も女子も恥ずかしがらずに、自分たちのからだのことを話しあえた学級の雰囲気はほんとうにさわやかでした。

このような学級の雰囲気をつくることができたのは、この子どもたちが低学年から性について学んできていたからです。だからこそ、この子たちは、性に対する抵抗や偏見がほんとうに少なかったのです。とくに二年生のときの担任は、自分自身が妊娠し、出産に近づく真っ最中に、心を込めてこの子たちに性の授業をおこなってきました。だからこの子たちは、科学的な知識だけにとどまらない、心優しい感性で性をとらえ、表現できたのではないでしょうか。

カイコを救え！絵本を追って猛ダッシュ

福家珠美

▼カイコの卵から成虫までの育て方をていねいに手ほどきしてくれるだけでなく、最後に人間が食べたり、利用したりする方法まできちんと教えてくれている本です。面白い実験が紹介されていたり、カイコをめぐっての日本人の歴史や経済、文化も見えてきて、まさに総合的学習に最適な一冊です。

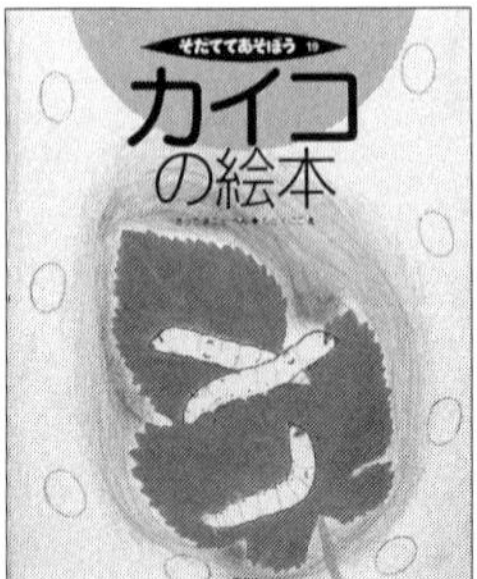

『カイコの絵本』
「そだててあそぼう」シリーズ⑲
木内信=編
本くに子=絵
農山漁村文化協会、1999

ちょっぴり心配なスタート

その年、私は四年生の子どもたちといっしょに、カイコを育てることになりました。四月に養蚕試験場から卵を分けてもらい、学校で孵化《ふか》させ、クラスの一人ひとりが自分の箱に十匹ほどのけご(孵化したばかりの幼虫)を入れ、飼育をはじめます。

実際に卵が届き、ほとんどの子がうきうきと卵がかえるのを心待ちにしているなかで、数人の虫ぎらいの子たちは、とても不安そうに卵をのぞきこんでいます。トモコちゃんもそんなひとりでした。飼育がはじまったころの彼女の日記です。

「わたしはたまごを見たしゅんかん、『うわ、なに、このブツブツした気持ち悪いの。ウェー』。外見はきょうみぶかそうに見ていたけど、心のなかでは、はきそうになっていた」

「とうとうけごが配られた。黒いごまつぶが細長くなって動いているみたい。もらったしゅんかん『世話しているときにつぶれないかな』などと思ったが、『最初っから、不安なことばかり考えていたらその通りになっちゃう』と思いなおした」

とりあえず、まわりの子たちのもりあがっているようすにあわせてはいるけれど、じつはすでに拒絶反応や不安を隠しきれない子が、トモコちゃんのほかにも何人か見受けられ、私としてはちょっぴり心配なスタートでした。

とはいうものの、まもなく、毎朝、カイコを家から学校に連れてきて、学校が終わると家に連れて帰る生活がはじまりました。子どもたちは日に何度もクワの葉を探しては食べさせ、箱のなかをきれいに掃除し、温度調節に気をつかい、カイコの一挙手一投足をじっと見守り、かたときもカイコのそばを離れられない生活となりました。そんな飼育の日々のなかで、子どもたちのまなざしがみるみる変わってきたのです。さきほどのトモコちゃんの日記は――

「幼虫は白いいも虫みたいになった。プニュプニュしていて、葉っぱからはなそうとすると口に葉っぱがくっついてはなれない。しかし、けごのときとくらべたら、すごくかわいくなっていた。手に乗せると『お母さん、ごはんちょうだい、ねー』と言ってるみたいだ。カイコはおばあちゃんにもかわいがってもらっていた。芸までしこまれた。芸とは、葉っぱをたてにして口のところに持って行くと、前足ではさんで口ですごい勢いで食べるのだ」

「きのう、遠くに出かけて帰ってきたら、カイコはわたしの顔を見るなり顔を上げて『お母ちゃーん、さみしかったし、おなかすいたよー』と言ってるみたいなので、いっぱい葉っぱをあげた。カイコはいつもの二倍の速さで食べた。それがかわいく見えた。（かわいいなあー）」

トモコちゃんのようにいやいや育てはじめた子ですら、数週間のうちにすっかりカイコのお母さんやお父さんのような気持ちになっていったのです。

苦しみだしたカイコ。そうだ、『カイコの絵本』！

そんなある日、危機は突然、訪れました。帰りぎわ、ショウコちゃんのカイコのなかの二匹が急にのたうちまわり、もだえ苦しみはじめたのです。まるで見えない糸で悪魔に踊らされているかのように。突然のカイコの変化にショウコちゃんは驚き、ワーッと泣きさけび、うずくまったまましゃくりあげています。なにごとかと集まってきた友だちが五、六人、カイコのうめき苦しむ様相にびっくり。私も子どもたちといっしょにおろおろするばかりです。

と、そのとき、ある男の子が「そうだ、『カイコの絵本』、あれを見ればわかるかもしれない！」

と叫んだのです。ところが、さっきまでその本が立てかけてあった棚にはもう見あたりません。「マユミが借りてってたぞ!」「マユミは?」「もうとっくに帰っちゃった」「じゃ、追いかけてくる」。そういう会話が瞬時のうちになされたかと思うと、男の子たちが三人、ランドセルを放りだし、ずいぶんまえに校門を出ていったマユミちゃんを猛ダッシュで追いかけはじめました。教室ではトモコちゃんたち数人がショウコちゃんのまわりに集まり、なにか言葉をかけたいけれどかけられずにしゃがんでいました。

しばらくして、男の子たちは『カイコの絵本』を高く掲げて息せききって戻ってきました。そのあとから騒ぎを聞きつけたクラスの子どもたちが十数人、ハアハア言いながら階段を駆け登ってきます。子どもたちはすばやい手つきで本のページをめくり、パタッと手を止めました。そこには「カイコがきゅうにからだをくねらせたり、胃液やクワの葉をはきもどしたりして、死んでしまうことがある。これはたいてい農薬などの中毒が原因だ」と書いてあります。「ここだ!」。子どもたちは二十人ちかくがおしあいへしあいしながら頭をつっこみ、食い入るように文字を追っていました。

原因は、それと知らずに農薬のついた葉をあげてしまったか、葉のそばで蚊取り線香や殺虫剤を使ったかだとだれかが読みあげると、「どうすれば助かる?」とみんなは先を急がせます。弱ったカイコは病気がうつらないようにほかの箱に移すよう書かれていることを確認すると、子どもたちは方策を考え、いっせいに応急手当てにとりかかります。箱を洗浄し、敷きものも葉も変え、一匹ずつを隔離しました。

その晩、子どもたちはだれもがみな、ショウコちゃんのカイコのことが心配でたまらなかったようです。翌朝、ショウコちゃんが登校すると、わっとかけ寄り、「どうだった？」と口ぐちに尋ねます。ショウコちゃんのカイコはどうにか生命の危機をのりこえました。そのとき、教室中に響きわたった拍手と、ショウコちゃんの「ありがとう」という声が、いまでも忘れられません。

育てたいのちをみずからの手で絶つ

この日から『カイコの絵本』は、わがクラスの救世主となりました。棚からはたえず借りだされ、注意事項や飼育のコツをせっせと書き写している子もいました。また、カイコの野生種であるクワコの存在をこの本で知り、クワコを山に探しにいって、カイコと育てくらべをした子もいれば、紹介されている工作、調理や実験に挑戦した子もたくさんいます。カイコが人間の手によってつくられた家畜であることにも、子どもたちは驚いていました。

さて、子どもたちはようやく、かわいいわが子たちをマユにまで育てあげました。が、喜びもつかのま、成虫になる一歩手前で、みずからの手でカイコを殺さなくてはならないという現実にぶちあたったのです。つらい気持ちをせいいっぱいこらえて、理科室では一日じゅうかけてマユからの糸取りがおこなわれました。熱湯でゆでられ、マユのなかから殺されたカイコが出てくるたびに、子どもたちは声も立てずにそっと、ティッシュでつくった布団のうえに横たえました。

すべてが終わり、最後にカイコたちを土にかえしたあと、子どもたちともう一度、『カイコの絵本』を手にしました。人は、大切に慈しみ育てた生物をみずからの手で殺さなくては生きていくことのできない動物であること、それゆえにカイコは「おしらさま」と感謝され大切にされてきたことなどを話しあうことができました。このようにいのちを育て、失う体験が、私にも子どもたちにもいのちのかけがえのなさを教えてくれた気がします。

一週間後、図書館で「そだててあそぼう」シリーズの次巻（第二十巻）を見つけてきた子が言いました。「先生、『ニワトリの絵本』見つけたよ。つぎはニワトリ飼いたいな」。子どもたちはまっすぐいのちに向かおうとしはじめています。

激論！チーズは正当な報酬か

福家珠美

▼ネズミのとうさんアナトールは、愛する妻や家族と暮らす、フランス一しあわせなネズミ。ところが、ある日、いつものように人間の家にしのびこんで残りものを探していると、思いがけず、人間がネズミの悪口を言っているのを聞いてしまいます。ショックを受けたアナトールは、家に帰って考えこみます。「なにか、人間に　おかえしが　できればいいんだけど」。そして、すばらしいアイデアがうかんだのです。

『ねずみのとうさんアナトール』
イブ・タイタス=文
ポール・ガルドン=絵、晴海耕平=訳
童話館出版、1995

得意なことだから背伸びもできる

新学期の係決め。まずは、まっさきに「この学級のみんなでどんなことしたい？」と問いかけると、四年生の子どもたちからは「山登り、川で舟遊び、クッキング、マラソン大会、球技大会」など、出てくるわ出てくるわ、自分たちの力でやってみたいことがいっぱい！　それから、子どもたちは、これらの願いを実現させるためにどうしたらいいんだろうと考えます。こんな仕事があるぞ、こんな係でやろうと大騒ぎで話しあいをはじめます。こうしてはじまった係活動は、子どもが自発的に知恵を出しあって働くので、こちらがそのエネルギーにひっぱられる感じ。

それもそのはず、「これならぼくが得意」「私だったらこんな仕事ができる」と、自分たちの得意なことや好きなことを出しあって、自分がいちばんかかわりやすい方法を探しながら、企画に参加しているのですから。

また、自分たちのアイデアを出しながら自分たちのペースで仕事ができる、つまり、一人ひとりの子どもの身の丈にあった働き方ができるのです。しかもそれぞれが好きなことや得意なことだから、ちょっと背伸びしてがんばれる、すすんで仕事内容を工夫することができるのです。

さあ、こんなふうに係活動にとり組んできた子どもたちといっしょに、『ねずみのとうさんアナトール』を読みました。

ネズミのとうさんアナトールは人間の家にしのびこんだときに、たまたま人間たちのネズミに対する悪口を小耳にはさんでしまいます。家に帰って考えこむアナトールに妻は、「なにか、人間におかえしが　できればいいんだけど」と慰めます。と、アナトールは一瞬にして踊りはじめました。すばらしいアイデアがひらめいたのです。

さて、その夜から、アナトールはデュバル・チーズ工場の試食室にもぐりこみ、チーズの味見をし、もっとおいしくつくるためのアドバイスをカードに書きつけて、置いてゆきました。なんたって「チーズの味見にかけてはねずみは世界一」なのですから。

翌朝、工場は大騒ぎ。その日から、工場ではチーズをアナトールのアドバイスどおりにつくりかえていきました。するとたちまち、デュバル社のチーズはフランスじゅうの人びとに喜ばれる味となりました。カードの主がネズミであることは、とうとうだれにもわかりませんでしたが、デュバル社の社長はいまだ見《まみ》えぬアナトールに「第一副社長　チーズ味見担当」の名誉を贈ります。アナトールはいまやりっぱな仕事ネズミとして、ほんとうにフランス一しあわせなネズミとなりました。

チーズは正当な報酬か

さて、これを読んだ子どもたちが書いた感想をもとに、話しあいをはじめました。
「アナトールはいい考えがうかんで部屋中おどりだしたのは、すごいよゆうがあるにちがいない。そんなによゆうがあるのなら絶対得意なことだ」（ナオト）
「特技をいかして仕事をやるということはすごいこと！」（リョウコ）
「アナトールはすごい！　一石四鳥の仕事だったんだね。一つは自分の好きなことで自分のおなかを満腹にして、二つ目はデュバルチーズ工場の営業の手伝い、三つ目は、自分の家族に大好物のチーズを持って帰って食べさせて、四つ目にはほかの人、工場の人、フランスじゅうの人びとを幸せにしてすごいね」（タカシ）
アナトールが得意なことをとおしてみんなの役に立てているのが、子どもたちにとって、とても魅力だったようです。働くことが自分自身のよさをいかす喜びにあふれていて、それによってまわりの人たちのしあわせに役立てるなんてすてきだと子どもたちはあこがれています。

でも、ここから議論が分かれました。アナトールが味見のあと、「ぼくが　この手でかせいだ、正当なほうしゅう　だからね！」と言ってチーズを持ちかえることに非難の声があがったのです。

「自分が好きなことをやりたくてやっているなら『奉仕活動』だから、ほうしゅうはいらねーじゃねーか」（ケイタ）

「アナトールはチーズを正当な報酬としてチーズを堂々ともらって帰っていいの？　ボランティアのようなものなのに。あんまり堂々ともらって帰らないほうがいい」（ハルコ）

好きなことや得意なことをいかして働くのだったらそれは「ボランティア」でいい、好きなことをしてさらに報酬をもらうなんて気がとがめる、という意見も出てきたのです。つまり、好きなことをいかした「職業」に対するうしろめたさ、つらくて苦しいけど、いやな仕事でも逃げずに働かなくてはいけないという職業観も出てきたぞと、面白く話しあいを聞いていると、反論も出てきました。

「得意なことだといっても、アナトールは人間のためにがんばって働いたんだから、チーズを持って帰ったっていいと思う。人間で考えれば給料でしょう」（アケミ）

「アナトールは家族を食べさせなくてはならないから、報酬をもらったんだよ」（ミキ）

「すすんで工場の役に立っているし、家族を養うためだからいい」（ユウジ）

「仕事をして報酬をもらっているんだからいいと思う。給料みたいなもの。人間に役立ついいこと

だし、家族のためにがんばることもすごくいい」（リョウコ）
「もしチーズをもらえなかったら、自分も子どもたちもみんなおなかが空いて何にもできなくなっちゃう」（アキエ）

好きなことが人のしあわせにつながる充実感

得意なこと、好きなことをして働くのは楽しいし、奉仕活動でもいいのだけれど、家族も自分も食べて生活しているという現実があるのだから、「職業」として働いて報酬をもらうのが本筋だという意見がだんだん優勢になったところで、「チーズ工場が繁盛したら、働いている人たちみんなの給料もあがった。一生懸命、働いたら報酬をもらうことは悪いことじゃない」という声があがりました。子どもの本のなかでも労働者の賃上げがとりあげられているあたりは、さすがにフランスのお国柄です。挿し絵には職人として誇り高き労働者たちもきちんと描かれています。

そのときアキラくんが、「デュバルさんはなんで給料をあげたんだろう？　そのまま嘘をついて自分だけもうけたらいいのに」と言ったのです。すると「デュバル氏はアナトールを信用したんだ。これからもずっとチーズの味見をまかせたかったんだ。だからほうびをあげたんだ」「デュバル氏は社員全員の給料を上げたり、アナトールにほうびをあげたりして、社員やアナトールを信用して仕事をまかせたんだ」という子も現れました。担任としてはそれぞれの感じ方を大切にしたいのでひとつの結論にまとめるつもりはありませんでしたが、学級のなかでは、デュバル氏が「信用してまかせたい」という思いを「報酬」というかたちで伝えたのだから、いいじゃないかという雰囲気になっていきました。

「アナトールは昔は家族に愛されているだけだったけど、今は仕事をして人間に信頼されるようになったんだ。だから昔より幸せなんだね」（ヒトミ）

こんなふうに、物語の終わりには、好きなことをとおして人の役に立つ働きをしたい、人から信頼される仕事がしたいというあこがれが学級のなかにふくらんできたようでした。

とりわけ話しあいをリードしてきたリョウコちゃんは、お母さんが知能に重い障害をもつ人たちの家である「止揚学園」で生きがいをもち、すてきに働いている人です。彼女も毎夕、学園に帰り、お母さんとともに過ごす生活をしています。リョウコちゃんはものごころついたときから、お母さんや保母さんたちのいきいき働く姿を見て育ちました。小学生ながら学園の仲間や小さい子たちのお世話をとおして、自分のやりたいことと人の役に立ちたいことが重なりあうような願いをもって育った子です。そんな彼女だから、アナトールの気持ちにもぴったり重なったのかもしれません。

「私は図書の仕事をしています。〈中略〉今は大きい紙に『ルラルさんのにわ』の絵をかいて紙芝居を作っています。そして低学年の人に見せてあげるんで〜す。気に入ってもらえるか心配。でも気に入ってもらえるためにもうまく絵をかいたりいろんな工夫が必要だと思います。だからがんばります。私はみんなが楽しんで本を読めるということがうれしいです。みんなが本を好きになってほしいです。〈後略〉」（リョウコ）

応援したい、一途なオトコの恋心

福家珠美

▼大阪から横浜の小学校に転校してきた、四年生のハマちゃん。ハマちゃんは転入した翌日、サクラちゃんに一目ぼれ。以来、ハマちゃんはサクラちゃんのために大奮闘します。けれども、わが身の危険もかえりみないハマちゃんの一途さが、かえってサクラちゃんを悲しませることになり、ハマちゃんの恋は大ピンチに……!

『たこやきハマちゃん大ピンチ!』
あかね・るつ=作
福田岩緒=絵
国土社、2000

気持ちに正直なハマちゃんに、「ええなあ!」

小学校も四年生ともなれば、男の子も女の子も恋のひとつやふたつは経験しているもの。けれども「今度は○くんと隣の席になりたいなあ」「先生、バレンタインデーに私、だれにあげるかわかる?」などと、小さい胸のときめきを伝えにくるのはたいていてい女の子。男の子はほとんど自分からは口にしません。もちろん、わざといたずらしたり、ちょっかいを出したりしているその表情だけで、淡い恋心は一目瞭然なのですが。

そんな四年一組の子どもたちが身をのりだして聞いたのが、『たこやきハマちゃん大ピンチ！』。女子も男子も、どきどきしながらハマちゃんの恋のゆくえに注目していました。

ハマちゃんは大好きなサクラちゃんのことばかり考えていて授業どころではありません。ついに先生に叱られますが、ハマちゃんはへっちゃら、Vサインして返します。こんなふうに自分の気持ちに正直なハマちゃんは、クラスメイトたちのあこがれの的です。

物語を聞いている私のクラスの子どもたちも「こんなんありかいなあ！」「ええなあ！」と、共感の声をあげています。どの子もハマちゃんのように、恋ゆえに授業なんてうわの空という体験があるのでしょう。でも、ハマちゃんのように堂々としていられないからこそ、ハマちゃんのものおじしないストレートさがうらやましいようなのです。

さて、ハマちゃんはサクラちゃんの誕生日会で手作りたこ焼きの大盤振る舞いをし、サクラちゃんは大感激。誕生日会に参加したほかの友だちもいっしょになって、「やったね、ハマちゃん！」と拍手喝采してくれました。ハマちゃんの恋を応援するまわりの友だちがすてきです。

このときもわが四年一組の子どもたちは、まるで自分の恋が成就したかのように立ちあがって喜びました。

ところが、ハマちゃんの一途な恋もついにエスカレートしすぎました。風で飛ばされて高い木の枝にひっかかったサクラちゃんのハンカチを取ろうとして、校舎の二階の窓から無謀な挑戦をしてしまったのです。そのために、校長先生も巻きこんだ学校じゅうの大騒ぎとなってしまいました。自分のハンカチ一枚からこんな危険でたいへんな事件に発展してしまって、サクラちゃんはびっくりするやら怖かったやらで泣きだしてしまいました。サクラちゃんが喜んでくれるとばかり思っていたハマちゃんは、思いもよらぬ反応にびっくりし、愕然として、学校を飛びだします。

物語を聞いている私のクラスの子たちも、女の子は「ハマちゃんアホやなあ。なんでサクラちゃんの気持ち、わからへんのやろ」とつぶやいていたりしますが、男の子は「ハマちゃん、行けいけ！」と興奮していたため、突然のサクラちゃんの涙に驚いているようすです。

いよいよ最後の場面、ハマちゃんが担任の若い男の先生に慰められているところへ、四年生の友だち全員が心配して駆けつけてきてくれます。そこにはなんと、笑って手を振るサクラちゃんの姿が……。「サ、サクラちゃんや！」と、立ちあがるハマちゃんの背中を先生がたたきます。「あきらめるのはまだはやいぞ」。

うちのクラスの子どもたちは、ここでいっせいに顔がほころび、にんまりとして、ほっと胸をなでおろしました。ハマちゃんのまわりの子どもたちがハマちゃんの恋をいっしょになって応援し、見守りつづけてくれた、物語のなかのそんな仲間のあたたかさが、私のクラスの子どもたちまですっぽりと包みこんだラストシーンでした。

素直になれなかったタカシくんも……

この本がきっかけとなったのか、照れ屋であまのじゃくの男の子たちが、少しずつ正直に「あの子が好き」という気持ちを表現できるようになってきました。そのなかでも、とくに素直になりはじめたのがタカシくんです。

タカシくんは根っからの関西っ子らしく、元気できどらない、毎日、友だちとぼけとつっこみでじゃれあっているような子です。その率直さ、ひょうきんさはまるでハマちゃんそのもの。

たとえば、授業中でもいつでもおならをこきたくなったら、「ブーッ」と爆音を放ちます。音の出ないときくらい黙っていればいいのに、「あっ、いま、すかっしっぺ出てもうた」とぺろっと舌を出します。「先生、先生」と人なつっこく話しかけにきてくれること頻繁で、好きな虫や遊びのこと、友だちや家庭のこと、ときにお父さんとお母さんの夫婦ゲンカの一部始終まで実況中継してくれます。気分がのると、ところかまわず、踊りだします。

こんなわかりやすくてストレートな子なのですが、こと大好きなノリコちゃんに対しては、ぜんぜん素直になれません。わざとたたいて泣かせたり、乱暴な言葉をあびせたり、話しかけられてもいじわるで返したり、帰りがいっしょになってもからかって困らせたり……。そのくせ、ノリコちゃんとほかの男の子が楽しく係活動していたり、おしゃべりしたりしていると、気になってしかたがないようす。遠足の班決めのときも、席替えのときもそわそわしっぱなしですし、ノリコちゃんが風邪でお休みしようものなら、なんとなくさびしげです。

ひょうきんもののタカシくんですが、じつはシャイで気弱で一途な「恋する少年」の一面ももっていたのですね。タカシくんのお母さんの話によると、彼は入学式でノリコちゃんに心奪われて以来、四年生になった今日までただ一筋に彼女を恋慕っているようなのですから。

そんなタカシくんでしたが、自分に似ているハマちゃんがサクラちゃんのためにひたむきにぶつかっていく姿に動かされたのか、最近は以前よりずっと素直に、好意を好意として表現できるようになってきたようです。ノリコちゃんが忘れ物をすると、すっと差しだして貸してあげたり、体育の苦手なノリコちゃんに親切に手助けしたり、帰り道、逃げないでいっしょにしゃべりながら歩いていたり……。タカシくんとノリコちゃんが並んで駅の階段を降りてくる姿は、映画「小さな恋のメロディー」のふたりのようにほほえましかったと、タカシくんのお母さんがあとでこっそり教えてくれました。

しかし、タカシくんの弱気な恋心をプッシュしてくれたのは、ハマちゃんの果敢な姿だけではありません。なによりもハマちゃんのまわりの子どもたちといっしょになって、わが四年一組のみんながハマちゃんの恋を応援した、その共感体験が、タカシくんを励ましてくれたように思います。ひとりの友だちの一途な恋をバカにしたり、軽蔑したりしないで、息をのんで見守り、いっしょに喜んだり悲しんだりした共感体験が、うちのクラスの子どもたちのなかにもたがいの信頼感を育ててくれたようです。だれしも心細い初恋は、まわりの温かさで背中を押してあげたいですよね。

ばあちゃんも父ちゃんも踏んだ「ゆきみち」

福家珠美

▼『ゆきみち』は、雪深い山里の物語。「ぼく」と父ちゃんは、吹雪のなかを、ばあちゃんの家に向かいます。そこには赤ちゃんを産んだばかりの母ちゃんが待ってます。道すがら、雪のなかにたたずむおじぞうさんや木に思い出を重ねながら、風に向かって突き進んだ「ぼく」は、やがて、迎えにでたばあちゃんといっしょに、小さな弟と母ちゃんのもとにたどりつきます。

『ゆきみち』
梅田俊作＋佳子=作
ほるぷ出版
1986

「ふっさくる！　ふっさくる！」

はじめて『ゆきみち』を子どもたちと読んだのは一九九〇年代半ば。富山県の八尾小学校に勤務していたとき、図書室で一、二年生の子どもたちと読みました。八尾町は雪深い山里で、家の二階まで雪が降りつもることもめずらしくありません。十一月末から三月まで、町は雪におおわれます。

八尾町の子どもたちにとって雪は日常生活そのもの、吹雪のなかの雪かき・雪下ろしにも子どもは大事な労働力として加わっています。

『ゆきみち』の舞台も雪深い山里です。まず表紙。雪のなかを傾きながら走るバス。一見するなり「町営バスや！」と声があがります。たしかに一日数本走る八尾町のバスが、ぬかるんだ雪の道を走っているようです。そして、表紙を開けて見返しを見せると、子どもたちが自分の頭の上を指さし、「ふっさくる！　ふっさくる！」と言うのです。そう言われてみれば、見返しいっぱいに大小の白点で描かれた雪の背景は、一面の鉛色。北陸独特の空の色なのです。この雪は、子どもたちが空を見上げたとき、自分めがけて落ちてくる雪の一粒、一粒なんだ！　私はそのときはじめて、この見返しの雪がなにかを知りました。それを瞬間的に見抜くとは、さすが雪国の子です。

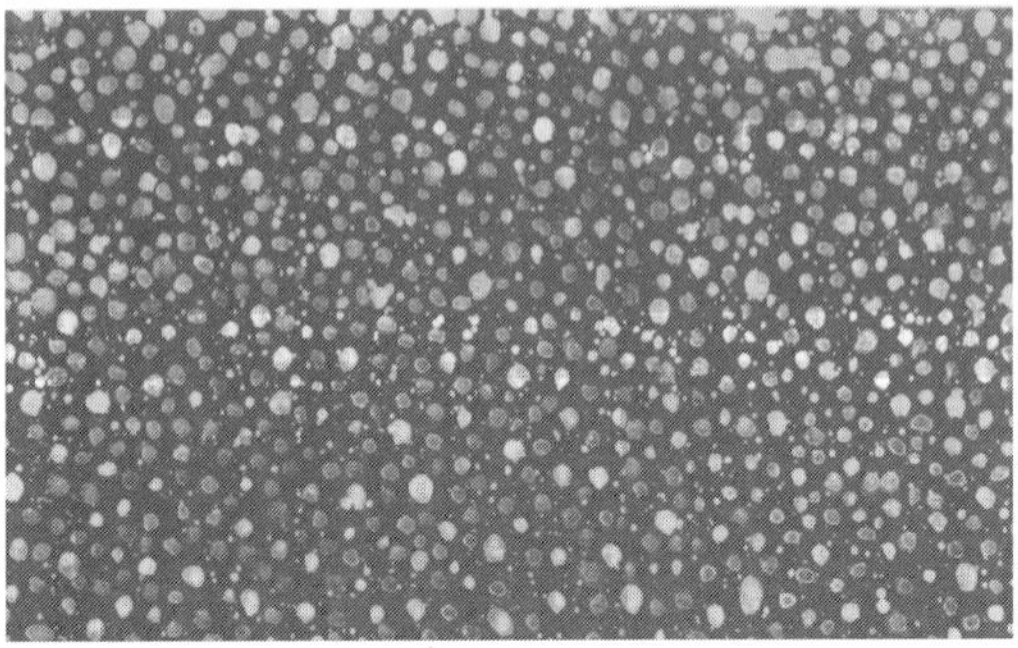

　おはなしはバスが終点に到着して、父ちゃんと「ぼく」がばあちゃんのうちへと歩きはじめるところからはじまります。木造の車庫は高山線八尾駅にそっくり、車掌のおばちゃんとの会話は、町のおばちゃんたちと子どもたちとの親しい関係に似ています。ページをめくるたびに、「めがね橋」「井田川」と、子どもたちの口から、八

尾の町の川や橋の名前が口をついて出てきます。私もそうではないかと思うほど、横なぐりの雪にさらされた山や川、家々のようすは似ています。

父ちゃんのあとについて吹雪のなかを歩く「ぼく」は、あまりの強い風に息もできません。子どもたちも口をぎゅっと結び、絵を見ています。おじぞうさんを見て「ぼく」は春、ハチに刺されて泣いた日のことを思い出します。わあわあ泣く「ぼく」におばあちゃんは、「うんと　なくがええ、うんと　ないて　おぼえて　おくんじゃよ」と言うのです。画面は一転、レンゲと菜の花が群れ咲くあたたかな春。「ウサギがでてきたが」「おじぞうさん、帽子ぬいどっぜ」。子どもたちも一瞬、顔をほころばせます。

と思いきや、舞台はふたたび吹雪のなか。父ちゃんとの距離が開いてきた「ぼく」を見つけて子どもたちは、「父さん速すぎっちゃ」と「ぼく」を心配します。「ぶらんこの木」まで来て「ぼく」はまた、ほかの季節を思い出します。夏、青々とした田んぼ、そのまんなかのあざ道で転んで泣いた「ぼく」におばあちゃんがまた「うんと　なけ」と言います。「ぶらんこの木、セミとまっとる」。また一瞬、子どもたちの表情が明るくなりました。

また場面は一面の雪景色。ひざまですっぽり埋まるほどの雪。父の姿はもう見えません。「ぼく」は兄弟杉の大木までやってきました。今度は秋、兄弟杉のところで立ち止まって泣いた「ぼく」におばあちゃんは、「この　木は　きょうだいや。……おまえも　もうじき　あんちゃんや……」とはげますのです。たばねた稲を干したようすまで、八尾町の収穫期の景色とそっくりです。でも、今度はなぜか子どもたちの表情が真剣です。いよいよあんちゃんになる「ぼく」と気持ちがひとつになっているのでしょうか。

「もうすぐだから」。祈るようなつぶやき

つぎの場面では、「わっ」と「ぼく」は胸まで雪に埋もれてしまいます。父ちゃんの姿は見えないうえ、風の音はますます激しくなります。子どもたちは固唾《かたず》をのんで見入ります。だれもが一度はこんな経験をしているせいでしょうか、食い入るような目つきで、口元はキリリと結ばれています。

ようやく「ぼく」がしびれた足をひきずって立ちあがったとき、ある男の子が「しるし！」と指さして叫びました。前方に立つ木に布が巻きつけてあるのを見つけたのです。子どもたちが一斉にうれしそうな顔つきになりました。父ちゃんのつけた道しるべを見つけた瞬間、「ぼく」は意気揚々と足を高くあげて前進します。「もうすぐだから」。女の子が小さな声で祈るようにつぶやきました。

と、すぐに向こうから人影が近づいてくるではありませんか。子どもたちは指をさして「ばあちゃんや、ばあちゃんに決まっとる！」と叫びました。思い出の場面で出てきたばあちゃんの顔を、いまかいまかと待ち望んでいたのかもしれません。迎えにきたばあちゃんの大きな肩かけにくるまれた「ぼく」のまわりは、ふぶいている雪までも明るい光で輝いています。

最後のページに文はありません。ばあちゃんちに着いたのです。じいちゃんは囲炉裏で餅を焼き、父ちゃんは土間で運んできた魚をさばき、畳の上では母ちゃんと生まれたばかりの弟がふとんのなかで横になっています。でもお母さんの目は戸口からはいってくる「ぼく」をしっかり見ています。「母ちゃん、みとっぜ」という言葉が聞こえます。子どもたちも、お母さんの視線が「ぼく」に向いていてうれしかったのでしょう。どの子もやっと、ほっとした表情になりました。

雪国を生きてきた世代がつながる

その日、いつも気が荒くてやんちゃなサトルくんが、いつのまにか、読み語りをする私の目のまえの席に座っていました。ふだん、自分から進んで本を読んだりすることのないサトルくんですが、このときにかぎってはずんずんまえにせり出してきて、とうとう絵本の目のまえに陣どっていたのです。

サトルくんは、いつもじいちゃんと深い山奥まで材木の仕事に出かけ、お手伝いしている子です。じいちゃんと自分が、腰近くまでずぶりずぶりと雪にはまりながら山まで出かけ、帰ってくる道中を思い出したのかもしれません。サトルくんにとって、「父ちゃん」の背中を見ながら雪のなかを歩く「ぼく」は、じいちゃんの背中を見て必死に歩く自分そのものだったのかもしれません。

その後、八尾町立図書館のおはなし会で、私はこの『ゆきみち』を読み語りました。今度は、親子いっしょに聴きにきてくれる人たちも少なくありませんでした。八尾町で育ったお母さんたち、またじいちゃんやばあちゃんから昔の八尾のはなしを聞いているお嫁さんたちは、この『ゆきみち』を読んだとき、胸を詰まらせてこう語ってくれました。

「昔、汽車もバスもなく、車もなかったころ、じいちゃんが町で、でかいブリを買って、それを背中にしょって吹雪のなかを大長谷の山深くまで歩いて帰ってきたことを思い出しました。涙が出そうでした。子どもとじいちゃんといっしょに読んでもらいたいです」

このお母さんのひとことを聞いて、『ゆきみち』は、雪国に生きてきたじいちゃんやばあちゃん世代と、いまの子どもたちが絵本をとおしてつながることができる貴重な本かもしれないと感じました。

できごといっぱいの小さな散歩

橋之口哲徳《はしのくちてつのり》

親子で読んだ

▼『でんしゃが　くるよ！』は、「ぼく」がお父さんとお姉ちゃんといっしょに自転車に乗って、線路の上にかかる橋まで電車を見にいくというおはなしです。電車を待つあいだのワクワクした気持ちや、橋の下を電車が走り抜けていく爽快感を親子でいっしょに楽しむことができる絵本です。

『でんしゃが　くるよ！』
シャーロット・ヴォーグ=作
竹下文子=訳
偕成社、1998

「パパ、おぼえてる？」

「パパ、おぼえてる？」と五歳の娘が聞いてきました。「なにを？」と聞きかえしてもはっきり言ってくれないので、「ないしょで教えて」とお願いしてみました。すると私の耳に顔を近づけて、ヒソヒソ声でゴショゴショと耳うちしてくれる。「でんしゃ、いっしょにみたでしょ。おぼえてる？」

　夏休みもなかばにさしかかった夕方のこと、ふたりでお散歩したときのことです。歩いて五分ほどのところにある、東海道線の線路の上にかかっている陸橋に電車を見に出かけたのです。そのときのことを、ふたりだけの秘密みたいにこっそりと、見たんだよね、と言ってきてくれたのです。

　目的がはっきりしないで歩くことがきらいな息子と違って、娘は行く先が決まっていなくても散歩に出かけます。もしかしたらなにか買ってもらえるかもしれない、という現実的な期待もあるのかもしれません。そして歩きながら、いろいろなおはなしをしてくれます。「ひまわりがさいてるね。おおきいねえ」「あさがおだ。むらさきのおはなだね」と、目にはいってくる興味あるものを声に出していきます。畑のなかを近道しようとすると、「とおってもだいじょうぶなの?」と心配しながら、これはキュウリかなあ、これはタマネギかなあ、という私の言葉に、「ようちえんでも、おやさいつくってるんだよ」と教えてくれます。

待っている時間もとても楽しい

『でんしゃが　くるよ!』は、うちに遊びに来る子どもたちに人気のある絵本の一冊です。「ぼく」がお父さんとお姉ちゃんといっしょに自転車に乗って、線路の上にかかる橋まで電車を見にいくという、だれもが一度はやったことがあるようなおはなしです。主人公の「ぼく」がお父さんやお姉ちゃんとともに味わう、電車を待つあいだのわくわくする気持ちや、電車が足の下をくぐりぬけるときの気持ちよさを、自分の体験と重ねあわせて楽しむことができるのがこの絵本のよいところです。

私と娘も、なかなか来ない電車を、まだかなあ、まだかなあと、待ちます。『でんしゃが　くるよ!』の主人公と同じように、娘も信号が青になると電車がやってくることを知っているので、まだかなあ、まだかなあと言いながら遠くの信号を見つめます。

じつは、この電車を待っている時間もとても楽しいのです。足元に落ちている石をならべてみたり、陸橋の欄干を木の棒でカンカンとたたいたり、飛んでいるトンボから逃げまわったり(娘は虫が苦手なんです)、ジョギングする人をながめたり、遠くの高台に見える県営球場の照明に灯りがともるのを見つけたりと、けっこういそがしいのです。『でんしゃが　くるよ!』のなかでも、電車がやってくるまでのあいだに、野ウサギが追いかけっこをしているところを見つけたり、線路工事のおじさんが歩いているのを見つけたりします。探してみると、ほかにもたくさんの出来事が起こっているんですよ。

絵本のなかで、いよいよ待ちに待った電車がやってきます。お姉ちゃんも「ぼく」も、「きゃー」って叫びます。でもふたりの「きゃー」は、ちょっと意味が違います。お姉ちゃんの「きゃー」は落っこちそうだからの「きゃー」、「ぼく」の「きゃー」は気持ちいいの「きゃー」。私たちの場合は、東海道線が離れたところをくぐるため、絵本ほどの迫力がありません。だから、私も娘も「きゃー」とは叫びませんが、同じ待った者どうし、お姉ちゃんと「ぼく」の気持ちはとってもよくわかります。

まだ帰りたくないよ、という娘に、そうだよね、と答えながら、でもおなかが空いたんだよなあ、と思うこころが帰りどきです。

あれから何回も「パパ、おぼえてる？」と聞かれます。私も何回も「おぼえてるよ」と答えています。

いつもあなたを見ているよ

橋之口哲徳

親子で読んだ

▼ネズミのアンジェリーナは、バレエが大好きな女の子。周囲の人に迷惑をかけているのをよそに、家でも学校でも踊ってばかりいます。困ってしまったお母さんは、お父さんに相談します。ふたりが出した結論は、バレエ着とバレエシューズをアンジェリーナにプレゼントし、リリー先生のバレエ教室に通わせることでした。

『アンジェリーナは　バレリーナ』
キャサリン・ホラバード=文
ヘレン・クレイグ=絵
おかだよしえ=訳
講談社、2003

アンジェリーナのお父さんが思いついた、好きなことを思いっきりさせよう、という考えはとてもすてきです。「にどと　バレリーナの　まねを　するのは、ゆるしませんよ！」と踊ることを一度禁止したにもかかわらず、バレエを習うことを許してあげたお母さんもすてきです。学校に遅刻し、家のなかでドタバタしているアンジェリーナの姿を毎日見ているお母さんにとっては、バレエを習いはじめることで、ますますアンジェリーナの行動がエスカレートするのではないかと心配であったにちがいありませんから。さいわいなことに、アンジェリーナは、バレエ教室に通いはじめたその日から、とてもききわけのよい子になり、家の手伝いをし、学校にも遅刻しなくなります。アンジェリーナのお母さんの心のうちを想像すると、よい方向に動きだしたことに同じ親としてホッとすると同時に、好きなことが思いっきりできるようになっただけでなく、毎日しかられないようになったアンジェリーナのことを、自分のことのようにうれしく思いました。

大好きなことを見つけるきっかけは

夢に見るくらいに大好きなことを、わが家の子どもたちにも見つけてほしいと願っています。しかし、夢中になるほど好きなことを、子どもが自分の力で見つけることはなかなかむずかしいものです。そうかといって、あれをしろ、これをしろと、親が習いごとを子どもに強制することには抵抗があります。だから、子どもたちの日ごろのちょっとした言動をとらえて、興味をもっていそうだなと感じたら、「ためしにやってみる?」と声をかけてみます。

その結果、いま、四年生の息子はピアノと水泳、二年生の娘はピアノと英会話を習っています。残念ながら、自分から積極的に習いたいと言いだしたのは、娘の英会話だけです。それでも、ふたりともどれもやめずに数年間、通いつづけていて、それぞれの場で友だちをつくり、楽しく時間を過ごしているようです。ピアノの練習があまり好きではない息子ですが、大きな発表会を終えたあとの「ちょーキンチョウしたけど、おもしろかった。またやってみたい」という言葉を聞いてうれしくなったり、水泳の進級試験に落ちてがっかりして帰ってきても、翌月の試験日には「今日は受かりそうな気がする」と元気よく飛びだしていく前向きな姿を頼もしく思ったりします。娘の英会話は、日本語とは違った言葉のリズムや文字のおもしろさを楽しむとともに、お兄ちゃんの知らないことを知っているんだぞ、という自慢のタネとしても効果を発揮しているようです。

このような子どもたちの姿を見ていると、好きなことを見つけるきっかけのひとつとして、とりあえず習いはじめて、だんだん好きになるという方法もあるかもしれないと思っています。きっかけが何であったかはわかりませんが、「がっこうに なんか、いきたくないわ。わたし、ずっと おどって いたいの」と思えるほど大好きなバレエに出会えたアンジェリーナは、とてもしあわせです。

「いつもあなたを見ているよ」

やがてアンジェリーナは、マドモアゼル・アンジェリーナという有名なバレリーナになります。現実の世界では、かならずしも好きなことで成功するとはかぎりませんが、〝好きなことを続けていれば人生は楽しい〟という作者の思いが、この本からは伝わってきます。踊ることが大好きなアンジェリーナならば、有名なバレリーナになることができなくても、踊りつづけていることじたいをしあわせに感じることができたのではないでしょうか。

ある日、私がリビングのソファーに座って、テレビを見ていると、「本読んで」と娘がやってきました。手に持っているのは、すでに何回かいっしょに読んでいる『アンジェリーナはバレリーナ』です。娘がいつものように私のひざとひざのあいだにちょこんと座ると、私は本をひらいて読みはじめました。

そして最後のページにきたときです。アンジェリーナが大きな劇場でバレエを踊っている場面です。「パパ、見て」とステージにいちばん近いテラス席を指さし、「ここにね、お父さんとお母さんがいるんだよ」と、うれしそうに教えてくれました。

絵本のなかで、お母さんとお父さんはいつもいっしょにいて、アンジェリーナを見つめています。〝私たちはここにいて、いつもあなたを見ているよ〟というメッセージを伝えているかのようです。そのおかげで、アンジェリーナは大好きなことを見つけることができ、そしてそれを続けてこられたのかもしれません。

さて、私は子どもたちにメッセージを伝えているでしょうか。はたして子どもたちは、どんな「舞台」に立つのでしょうか。ちょっと不安ではありますが、とても楽しみにしています。

2章◆本の贈り物……

私のためにあった物語

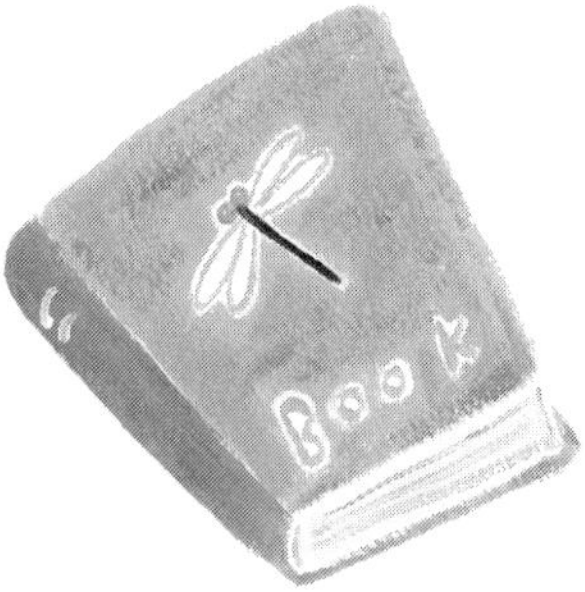

家ではお母さんがわりに弟のめんどうをみ、
クラスではいちばん小さくてもお姉さん格のリサちゃん。
彼女が、私に何度も「読んで」と持ってきたのが、
『おやすみ、わにのキラキラくん』です。
放課後のだれもいない教室で、リサちゃんは
「まだ帰らなくてもいいの」と言って、
私のひざの上に小さいお尻をのせてきました。

ひとりの月夜にやってきた友だち

福家珠美

▼星のきれいな夜、ワニのアリゲーがハンモックにはいって空を見上げていると、いつのまにか星がつながって、ワニの形になりました。アリゲーは星でできたワニに「キラキラくん」という名前をつけます。アリゲーとキラキラくんはおしゃべりをし、やがてキラキラくんは地上に降りてきて、ふたりはいっしょに夜のジャングルをお散歩します。

『おやすみ、わにのキラキラくん』
カズコ・ストーン=作
いぬいゆみこ=訳
福音館書店、1993＊

リサちゃんは小さなお姉さん

リサちゃんは小学校二年生、背の順は一番まえで、からだの小さい女の子です。年子で一年生の弟のほうが背が高く、体格もがっちりしていて、リサちゃんのほうがまるで妹のようです。でも、リサちゃんは小さいからだでぴょんぴょん活発に動きまわる、元気いっぱいなお姉さん。毎朝、大きな弟の手を引いて、笑顔で登校してきます。

じつは、リサちゃんは、そのはつらつとした姿の裏側で、気を張った毎日を過ごしていました。リサちゃんの両親は三年ほどまえに離婚し、それ以降、リサちゃんと弟のコウタくんは、お母さんといっしょに住んでいました。大好きだったお父さんとは、以来、一度も会うことができないままだそうです。

まだ二十代の若いお母さんは、ふたりの子どもを養っていくという重責を、ひとりで担わなくてはなりません。リサちゃんのお母さんにとって、夜のお勤めは、背に腹はかえられぬ状況下での選択でした。だから、お母さんのいない夜を、リサちゃんは、幼い弟を守って必死で過ごさなければならなかったのです。弟のコウタくんはからだは大きくても、気持ちはまだまだお母さんに甘えたくてしかたない年ごろです。お姉ちゃんとふたりきりで過ごさなければならない夜を、どれほどいやがり、泣いたり、すねたりしたことでしょう。

いうまでもなく、リサちゃんとて、まだ八歳です。ほんとうはお母さんにごはんをつくってもらって、子守り歌を歌ってもらって、絵本を読んでもらって、安心して眠りにつきたい年ごろです。しかし、リサちゃんは、弟といっしょになって泣いているわけにはいきません。夕ごはんをつくり、弟に食べさせ、ふたりでお風呂にはいり、ぐずってばかりいる弟を寝かしつけなくてはなりません。リサちゃんはほんとうに、小さいお母さんのように一生懸命でした。

そんなリサちゃんが、私に何度も「読んで」と持ってきたのが、『おやすみ、わにのキラキラくん』です。放課後のだれもいない教室で、リサちゃんは「まだ帰らなくてもいいの」と言って、私のひざの上に小さいお尻をのせてきました。

「すぐに来てくれたね」とにっこり

一ページ目から、吸いこまれるような広くて深い夜空。すみのほうににっこり微笑むお月様に見守られて、ワニのアリゲーがハンモックに揺られています。ひとりぼっちのアリゲーでしたが、またたく星空のなかに友だちのワニ、「キラキラくん」を見つけ、おいしいおやつをつくってあげます。

アリゲーが星をつなげてパンケーキと魚とバナナとスイカをつくる場面で、リサちゃんは毎回、「パンケーキにシロップかけて」とか「バナナの皮むいて」などとねだります。私はリサちゃんの手をとって、パンケーキにシロップをたっぷりかけるふりや、バナナの皮を一片ずつむくふりをしました。クラスでもお姉さん格のリサちゃんがこんなふうに甘えてくるなんて、同級生はきっと、だれも知らなかったでしょう。

おやつが終わると、アリゲーはキラキラくんを遊びに誘います。うれしくて、流れ星のようにさーっと降りてくるキラキラくん。リサちゃんは、キラキラくんが急いで会いにきてくれるこの場面を見ると、「すぐに来てくれたね」とにっこりして私の顔をのぞきこみます。さみしい夜、会いたい願いにすぐに応えて、矢のように飛んできてくれる人がいるなんて、リサちゃんにはとてもうらやましいことだったのでしょう。

そういえば、リサちゃんは、がんばって書きあげた書き取りノートも、なわとびの二重とびも、まわりにだれかがいるときには、けっして私に見せにくる子ではありませんでした。だから、仲のよい子たちが休み時間にわいわいと、得意技を私に見せにきても、いっしょに来たりはしません。かならず、放課後、ほかの子たちがいなくなったころに「先生、見てて」と上達したなわとびの技をやって見せたり、自習ノートを見せにきたりします。まわりにほかの子がいたら、「ちょっと待っててね」とか「順番ね」とか言われて、あとまわしにされてしまうのがわかっていたのでしょう。あとまわしにされるうち、ときおり、先生が忘れてしまうことも。だから、だれもいないときなら、すぐに先生が自分だけを見てくれると思ったのでしょう。

リサちゃんにとって、日常生活のなかで「すぐに相手が自分に応えてくれる」ことは、なかなかかなわない願いだったのかもしれません。「あとでね」と言われて忘れられてしまうことも多かった、そんなとき、キラキラくんが、さみしいアリゲーのもとにすぐに飛んできてくれたのです。リサちゃんは、自分のもとに飛んできてくれたかようにうれしかったにちがいありません。

ずっと見ていてくれたお月様

さて物語では、やがてキラキラくんがアリゲーからすてきな星のハンモックをプレゼントしてもらって、うれしそうに空に帰っていきます。最後のページはアリゲーが星をつないで書いた「おやすみなさい」の文字の下で、キラキラくんがすやすやとハンモックに揺られています。

アリゲーの大好きなお月様は、はじめから終わりまでにこにことしてアリゲーとキラキラくんを見守り、眠りにつくまでそばにいてくれました。

リサちゃんといっしょに読みあうまで、私はそのお月様の存在に気がつきませんでした。途中、ふたりが散歩に出かける場面ではお月様が描かれていないのですが、リサちゃんは「お月様、ちゃんと隠れて見てるよ」と信じきった表情でつぶやきました。物語の最初から最後までお月様が見守ってくれていることで、リサちゃんは、お母さんが枕元で見守ってくれているような安心した気持ちになったのかもしれません。

アリゲーは、ひとりぼっちの夜を過ごさなくてはならないけれど、お月様や星たちと語りあうことで、ひとりでいることを忘れ、満ち足りたかかわりあいの時間を過ごして、眠りにつきます。リサちゃんもきっと、アリゲーのように、ひとりぼっちのさみしさをのり越えて、少しでも満たされた心のうちに、明日につながる夢を見たかったのではないでしょうか

母さん恋しいギャングエイジ

福家珠美

▼主人公の少年アーロンは、生まれつき口がきけません。母さんとふたり暮らしですが、その母さんが町に出かけたまま、帰ってきませんでした。心配でいてもたってもいられないアーロンは、母さんを探しに、雪のなかを飛びだしました。そして、道に迷い、「半月館」という宿屋で不気味なグラックルばあさんにつかまり、働かされ、家に帰してもらえなくなってしまいました。

『半月館のひみつ』
ポール・フライシュマン=作
谷口由美子=訳
偕成社、1993＊

「ムカツク、このばばあ」

この物語は、四年生の子どもたちといっしょに、毎朝の読書タイムに十分ずつ読んできた作品です。自分たちと同じ年ごろの男の子が、母さんを思って危険もかえりみず家を飛びだしていくところ、なにが起こるかわからない旅を続けるところ、不気味な宿屋でグラックルばあさんにむち打たれるところ、殺し屋から危機一髪で逃れるところなどなど、緊迫の場面が続きます。子どもたちは息をのんで、物語にはいりこんでいきました。

恐ろしい出来事のなかでも、アーロンがけっしてあきらめず、口がきけないがゆえに、知恵をしぼって窮地を逃れようとする姿に、子どもたちは「アーロン、がんばれ」「アーロン、もう少し！」「すごいぞ、アーロン」と必死で声援を送ります。

とりわけ、子どもたちが祈るような思いで読んだ場面は、アーロンが半月館でつかまり、何日も何日もむち打たれ働かされていたある日、とうとう母さんがアーロンを探しに半月館を訪ねてくるところです。それまで、アーロンと同じ気持ちで、痛い、つらい思いを耐えてきた子どもたちは、アーロンが、吹雪のなかを歩いてくる母さんを窓から見つけたとき、「ああ、やっと、やっと、お母さんが来てくれたんだ」と、挿し絵の母さんの姿に目がくぎづけになっていました。

ところが、アーロンはお母さんに会える一歩手前でグラックルばあさんにえり首をつかまれ、二階の戸棚に放りこまれてしまったのです。いくらもがこうが暴れようが、アーロンは口のきけない少年です。玄関まで訪ねてきた母さんに「ここにいるよ」と伝えるすべがありません。グラックルばあさんは、わが子を必死で探している母さんに対して、慇懃無礼《いんぎんぶれい》に知らないふりをしとおします。肩を落とし、半月館を去っていく母さんに、「母さん、ここにいるんだ」とも伝えられないまま、戸棚の戸をガンガンたたきつけるアーロン。

もう子どもたちは、いまにも泣きださんばかりの思いつめた表情で聴き入っています。心のなかで必死に、「お母さん、気づいて。アーロンがここにいるんだよ」と叫んでいるのがわかります。いよいよ、お母さんの馬車が動きだそうとするそのときまで、声に出して読んでいる私も、聞いている子どもたちも、「なんとかして、神様」と祈るような気持ちでした。

「馬の足音がしだいに遠くなっていきます。アーロンは、最後にガーンと戸をたたき、床にくずおれてしまいました。涙が、声の出ないアーロンのほおを、とめどなく流れました」という箇所を読んだ瞬間、子どもたちも私も深い絶望感にうちひしがれました。

「ムカツク、このばばあ」

そのとき、こらえきれないようすでつぶやいたのがエイイチくんでした。

エイイチくんは、どちらかというと本を読むのがきらいな子です。自分から本を手に取って読んでいるのを見たことがありません。国語や漢字が苦手だという意識が強いせいか、文字を追うことは面倒くさいようです。けれども、私が本を読み語りしはじめると、私の目を真剣に見て、耳を傾けるようになりました。とくに、毎朝、このアーロンの物語を読むようになってからというもの、言葉に全身全霊をそそいで聴き入るようになりました。そして、さきほどのクライマックスともいうべき場面で、悲しみのあまり、腹の底からわきでるような低い声で、グラックルばあさんへの許しがたい思いを声にしてしまったのです。エイイチくんの気持ちは、母さんを思うアーロンの切なさとぴったり重なりあっていたのです。

がんばっているけど、甘えたい

エイイチくんの家では、約一年まえから、お母さんが看護師さんの仕事に復帰しました。出産を機に看護師を退職し、家庭にはいっていたお母さんでしたが、エイイチくんが三年生になり、ようやく手が離れはじめたので、病院勤務を再開しました。ふたたび看護の仕事に生きがいを見いだし、はりきっているお母さんはとてもすてきでした。エイイチくんもそんなお母さんを誇りに思い、「ぼくのお母さん、看護師さんなんだ」とうれしそうに教えてくれました。

そんなエイイチくんですが、夜勤・準夜勤など深夜までの勤務もある看護師さんの仕事を、頭では理解し、一面では誇りに思いながらも、やっぱりお母さんのいない夜はさみしいのでした。お父さんが仕事で遅くなるのとお母さんの夜勤が重なった日は、弟とふたりだけで、用意された夕飯を温めなおして食べなくてはなりません。下校時刻のころ、突然、お母さんから学校に電話があって、「仕事の関係で急に帰りが遅くなったから、あれとこれをこうしてごはんにしてね」という日もありました。生命をあずかる大切なお仕事にたずさわっている以上、やむをえないことです。でもやはり、生まれてからずっとお母さんがそばにいてくれたエイイチくんにとって、生まれて九年目にしてはじめての試練の夜も、少なくなかったにちがいありません。

それだけに、お母さんがお家にいてくれる日は、エイイチくんは思いっきり甘えたいのです。家庭訪問に行った日も、エイイチくんはお母さんのそばにぴったりくっついて、学校では見せたことのないようなうれしそうな笑顔で、お母さんの手づくりの蒸しパンをほおばっていました。たまにお母さんの勤務が平日休みの日は、エイイチくんも「ぼく、ちょっと疲れちゃったなあ」と言って学校を休みます。学校は大好きだけど、たまには思うぞんぶん、お母さんに甘えたいのでしょう。

　そんなエイイチくんだから、アーロンのお母さんが町に出ていったきり、帰ってこなかった夜を、アーロンと同じようなせつない気持ちで聴いていたのではないでしょうか。外は雪の吹きすさぶ真っ暗やみ、お母さんの安否を思って眠れないアーロン、お母さんに会いたくて会いたくてたまらない夜を幾晩も過ごすアーロンに、エイイチくんは身も心もひとつになってしまったのではないでしょうか。

　物語の最後は、お母さんが無事にアーロンを探しだし、アーロンはお母さんの暖かいマントに抱きしめられます。エイイチくんをはじめ、まだまだ甘えたい年ごろの子どもたちですから、ほっと胸をなでおろし、アーロンとともに半月館をあとにします。たえまなく続くスリルあふれるできごとにドキドキさせられながら、母さんを慕うアーロンの気持ちにすっぽり一体化してしまう『半月館のひみつ』は、甘えんぼうのギャングエイジにぴったりの読み物です。

午後の図書室での一期一会

長谷部香苗

▼予定日を過ぎても赤ちゃんが生まれないので入院したお母さん。大きなおなかで診察を受け、病院のなかを散歩し、お昼寝もします。とうとう陣痛が起こり、分娩室へはいるときがやってきました。知らせを聞いて駆けつけてきたお父さん。赤ちゃんの誕生を待ち受けます。

『おかあさんがおかあさんになった日』
長野ヒデ子=作
童心社
1993

「この本読んで」に、いささか動揺

この絵本には、小学二年生の男の子に「読んで」と言われたときの、忘れがたい思い出があります。

ゴウくんは、活動的でよくしゃべる、お調子者の男の子。言葉づかいが荒く、友人に対してもきつい発言が多いくせに、自分がちょっと注意されると涙をためて悔しがり、ときにはひどく落ちこんで黙ってしまいます。しかし、ひじょうにやさしくてシャイで、大人に気をつかう一面ももっています。——と、これはふだんの教室でのゴウくんを知らない、私の個人的な感想。図書室で専任司書として働きはじめたばかりで、まだよくわからない私に、「えーっ、先生なのにわからないのーっ」とつっこみつつ、なにかと話しかけてくれる二年生でした。

ある日、ゴウくんが、「これ読んでよ」と絵本を三冊選んで持ってきました。ほかの子どもがいなくてゆっくり読む時間もあり、読んでとせがまれてうれしくないわけがないので、こちらもはりきって読みはじめました。よく覚えていないのですが、三冊のうちの一冊は『じごくのそうべえ』(田島征彦=作、童心社)だったと記憶しています。もう一冊も面白いはなしだったと思うのですが、手渡された三冊を上から順に読んでいった最後に、この『おかあさんがおかあさんになった日』が出てきたのです。

お母さんが赤ちゃんにおっぱいを飲ませている表紙で、やさしいパステルカラーの絵本。これを見て、私はいささか動揺しました。低学年の女の子がよく借りていく絵本なので意外に思ったのと、出産にかかわる絵本を男の子にさし出されたものだからドキドキして、「ほんとにこれでいいの?」と念をおしてしまいました。図書室にほかに利用者も来なくて、しばらくのあいだふたりきりで向きあうようにして読んでいました。分娩室にはいり、いよいよ出産、という場面にさしかかったとき、「赤ちゃんって、どうやって生まれるの?」「生まれるときって痛いの?」と率直な質問。あわてた私は「お母さんに聞いたことある？　きょうだいはいるの？」などと逆に質問をして逃げてしまいました。平静をよそおって読みつづけましたが、二年生にどのように説明すべきなのかわからず、出産・育児の経験のない私としては、それ以上の追及がなかったことにほっとしつつ、ごまかしたことをちょっと反省。いまだったらどう答えられるだろう、やっぱり困るかな〜。

親子で読むのもいいかもしれない

絵本では、病院のなかですれちがう患者さんや家族、病院で働く人のようすが、それぞれの会話が聞こえてくるかのように描かれていて、その細かいところもついつい見入ってしまいます。やさしい明るいタッチの絵で、病院という緊張感をあまり感じさせず、楽しく読めるところもすてきです。一年生でもひとりで読めるかもしれませんが、ゴウくんが途中で「赤ちゃんってどうやって生まれるの？」と疑問を投げかけてきた、答える人を求めていたということを思い出すと、大人と子どもがいっしょに読むのはいいと思います。読み聞かせは聞き手が多いほうがよいと勝手に思いこんでいましたが、この絵本を読んだことで、ふたりきりで読むのも必要なのだと気づきました。

「あなたが　うまれた日のこと……」ではじまる、お母さんの語りかけが心地よく感じられます。お母さんが赤ちゃんにおっぱいをあげながら言います。「あなたのおかげでわたしはおかあさんになれたのよ」。読み手が母親であれば、わが子に向けてこんなことも、絵本の言葉をとおして言えるのですね。親子で読むときには、大事なことがさらりと伝えられそうです。

実際には、この絵本のとおりというのではなくて、それぞれに違った出産シーンだったはずです。「あなたのときはこうだったのよ……お母さんやお父さんは、こんなふうに思っていたのよ……」と会話がうまれるのではないかと想像しました。あらためて話す機会をつくるのはむずかしくても、絵本を読みながらだったら、お母さんはどうだったの、ぼくのときはどうだったのと聞けそうな気もします。と、ここにいたってゴウくんに共感できました。絵本を読んでほしいだけじゃなくて、いちばん聞きたいことはそういうことだったのか。

図書室には人体の本もあります。低学年の子が数人で、キャーキャー言いながらのぞいていることもあれば、こっそりひとりで読む子どももいます。こっそりなのになぜわかるのかというと、休み時間が終わったあとに、かたづけ忘れた本が置きっぱなしになっているから。人のからだってどうなっているのか。お母さんからどうやって赤ちゃんが生まれてくるのか。自分はどうやって生まれてきたのか。子どもはそれを知りたいという欲求があるんだなあ。

ゴウくん苦心の作戦だったのか

私の都合のよい解釈ですが、このときゴウくんが、ほかにだれもいないときをねらって（!）、そして読み手に私を選んでくれたことに（担任の先生は忙しいしね……）うれしくなって、もう三年もまえのことだけれども、午後の図書室でのこのできごとをよく覚えています。ゴウくんの性格を考えると、正面きってこれを読みたいと、図書当番のいる貸出カウンターに持っていくのも恥ずかしいし、図書室でこっそり読んでいるのを友だちに見つかるのもなあ、というところでしょうか。ピンクの色調の表紙の絵本を読んでとせがむのも恥ずかしかったのか、ほかの本といっしょにさりげなく偶然に持ってきちゃった感じも、本人としてはいろいろと考えたのだなあといまになって思います。

考えてみれば、ゴウくんがこの絵本を持ってきたのが、二年生の一学期。授業で「誕生の勉強」にとり組むのが二年生の三学期です。ちょっとタイミングがずれて、先に授業がはじまっていたら、ゴウくんがこんな「作戦」をたてて、この本を私のところに持ってくることもなかったと思います。まさに一期一会、私にとっては鮮烈なできごとでした。

その後のゴウくんですが、五年生になって、いまは野球に夢中のようす。本をよく読むとはいえませんが、それでも一か月に一度くらい、通りすがりに「面白い本、紹介してよ」と現れます。グラウンドで汗を流し、真っ白な土ぼこりだらけになって図書室をよごしにくるゴウくんに、必死になって「これは?」「この本は?」と見せますが、いまだにヒットしません。てきとうに本を渡すと、「これ、どんな話? えっ、先生、読んでないの? だめじゃん」と少しも油断がならないのです。まあそれでも、ときどき来てくれるので、ゴウくんをうならせるようなぴったりの本をいっしょに見つけたいなあ。

結末が心配で待てなかったカッちゃん

福家珠美

▼ある国にナニモセン五世という、たいへん太ったなまけものの王様がいました。一方、この王様のひとり娘・ピンピは、朝から晩までノミみたいに跳ねまわっています。さて、ある日、王様は病気になってしまいました。国じゅうのどのお医者様も治せないほど重い病気です。ピンピは自分でお医者様を探し、たずね歩きはじめました。

『なまけものの王さまとかしこい王女のお話』
ミラ・ローベ=作、ズージ・ヴァイゲル=絵
佐々木田鶴子=訳
徳間書店、2001

興味あるものにいつだってまっしぐら

三年生のカッちゃんは、まるでピンピを男の子にしたような活発な子です。ピンピそっくりに、小さくて、マッチ棒のようにやせていて、いっときもじっとしていられないほど、学校じゅうを跳ねまわっています。

昆虫や動物、草花が大好きなので、一日じゅう、外で生き物を追いかけまわしています。校庭でクワガタやカマキリ、チョウ、カナヘビやトカゲなどを拾ってきては教室に持ちかえってきます。カッちゃんのおかげで、教室はいつも生き物の宝庫となり、ほかの子どもたちは大喜びです。

また、カッちゃんは、ものづくりが大のお得意。どこかから、わけのわからないものを拾ってきては、組みあわせておもちゃをつくったり、道具をつくったりしています。木っ端や針金、金具や紙、プラスチックなどなど、ほんとうに得体の知れない小さなガラクタが、カッちゃんの手にかかると、たちまち面白いものに変身してしまいます。

こんな調子ですから、授業中だってまともに席に座っていたためしがありません。休み時間に外で興味のあるものを見つけたら、チャイムが鳴ろうと、みんなが教室に戻ろうと、彼にはいっさい関係ありません。授業がはじまっても、教室に帰ってこようはずがありません。また、教室にいても、窓からトンボが見えたら、いつの間にやらすーっと教室から逃げだしています。

大人たちの人間関係を気づかうカッちゃん

そんなカッちゃんですから、この『なまけものの王さまとかしこい王女のお話』のピンピの行動を理解するには、なんの説明もいらなかったでしょう。読み語りはじめてすぐ、カッちゃんは身を乗りだしておはなしに耳傾けるようになりました。

とくに、ピンピがいたずらをして走りまわるそのあとを、おおぜいの女官たちが「ピンパーネッラ王女さまー、王女さまがそんなことをなさってはいけませーん！」と叫んで追いかけまわす場面では、カッちゃんは気持ちよさそうにケタケタ笑います。きっと、私たち教師が「カッちゃゃーん、教室に戻りなさーい！」と息を切らしながら追いかけてくるようすとそっくりで、おかしかったのでしょうね。私も、ピンピに振りまわされている女官の姿と、へっぴり腰でカッちゃんを追いかけている自分の姿が重なって、思わず笑ってしまいました。

でも、カッちゃんはただ落ち着きがないだけのわがまま坊主ではぜんぜんありません。じつは敏感で、まわりの友だちや大人にけっこう気をつかうやさしい子なのです。

カッちゃんの家は、大きな有名呉服屋さん。お父さんとお母さんは、ふたりとも六十歳ちかい年齢のご両親です。カッちゃんは生まれてまもなく、わけあってこのご両親の養子になりました。血のつながっていない親子ですが、お父さんもお母さんもわが子と思って、ほんとうに愛情深く育てておられます。けれども、支店もたくさん抱えているので、お父さんは経営主としてのお仕事に忙しく、お母さんも毎日あちこちのお店をまわって、指導をしなくてはなりません。カッちゃんは遊びから帰ると、家と棟続きのお店で、親戚や従業員の大人たちに相手をしてもらいながら過ごします。このようにカッちゃんは、親戚の人たち、従業員、お客さん、取引先などたくさんの大人たちと日々接しながら暮らしているのです。大人どうしの会話や人間関係に敏感にならないはずがありません。

ですから、ピンピが、三百三十三人の召し使いたちとの暮らしのなかで、じつはいろいろな心配ごとをしたり、人間関係の本質を見抜いて心を痛めていたりする気持ちが、カッちゃんにはわかったのかもしれません。王様のお付きの者のいいかげんな対応に腹を立てたり、王様が病気になったときには「ほんとうはだれも心配してないくせに」などとつぶやいたり、王様の太りすぎを見て、「ぼくのお母さんも太りすぎなんだ」とピンピ同様、たいへん心配したりしていました。

考えてみれば、カッちゃんもピンピと同じ立場だったのです。ピンピが王女ならカッちゃんは大《おお》店《だな》の若旦那。羽目をはずしすぎるくらいののびのびした闊達《かったつ》さは、おおぜいの大人に囲まれた窮屈さや、大人の世界の裏表に敏感にならざるをえない環境への反動だったのかもしれません。その証拠に、カッちゃんは、私が失敗したとき、職員室の人間関係をあれこれ考えて、懸命に気をつかって、私をかばってくれるような子でした。

結末を知り、安心してから楽しんだ

さて、おはなしは、ピンピがお城の外に出て、王様の病気を治すお医者様を探す冒険をくり広げるあたりから、もりあがっていきます。カッちゃんはつぎがどうなるのか、知りたくて知りたくてたまらなくなってしまったようです。とうとう自分で図書館に行って、この本を借りてきて、持ち帰るやいなや一気に読みきってしまいました。じっとして読書することなど縁遠かったはずのカッちゃんが。最後まで読みきってようやくほっとしたのか、カッちゃんは、翌朝からの私の読み聞かせには、じつにほっとしたようすで聴き入っていました。きっと王様が元気になり、少ない人数の召し使いでじゅうぶんしあわせな生活ができるというラストを知ったので、安心してもう一度、おはなしの世界を楽しむことができたのでしょうね。

それにしても、カッちゃんが素直でやさしい子に育っているのは、やはり、カッちゃんを心から大切に育てているご両親のおかげではないでしょうか。ピンピをとりまく環境がふつうの家庭の子どもといかに異なっていようと、ピンピが思いやりのある素直な子なのは、「王さまがピンピを、とってもとってもかわいがっていた」からにほかならないのと同じように。だって、王様は自分ではなにもしていなかったときでさえ、丸くて高い塔のてっぺんにあるピンピの部屋へ、毎晩、息も絶えだえ登っていたのですから。たったひとことピンピに「おやすみなさい」を言いたくて、ね。

アキオくんの特別なズボン

福家珠美

▼ちびくろ・さんぼはある日、お父さんとお母さんに新しいシャツや上着や靴を買ってもらって、上機嫌で散歩に出かけます。途中、つぎつぎとトラに出会って、お気にいりの洋服を一枚ずつ奪われてしまいます。けれどもおバカなトラたちは、そのすてきな洋服をとりあってケンカするうちに、とうとう、どろどろに溶けてバターになってしまいました。

『ちびくろ・さんぼ』
ヘレン・バンナーマン=文
フランク・ドビアス十岡部冬彦=絵
光吉夏弥=訳、岩波書店・1953
2005年に瑞雲舎より復刊

遊び仲間を増やしていく名人

一九九〇年ごろのこと、私ははじめて一年生を担任しました。担任の私のほうが入学式からドキドキです。ところが、そんな私の緊張にはおかまいなしに、ひとなつっこい笑顔を見せ、「せんせい、せんせい」と話しかけてくる子がいました。それがアキオくんでした。

アキオくんは、上三人がお兄ちゃんで四番目の男の子、さらに二つ年下の妹がいます。つまり、五人きょうだいなのです。それで合点がいきました。このひとなつっこさは、アキオくんが五人きょうだいのにぎやかさのなかで、とても元気よくたくましく育ってきた証拠。ほかの子とはひと味ちがうのも当然です。すでに少子化に向かっていた時代、五人きょうだいはほんとうにめずらしい存在でしたから。

そんなアキオくんは、入学式の翌日からクラスのお友だちをいろんな遊びに巻きこんでくれる、エネルギーのほとばしっている子でした。とりわけ、私が絵本を読み語るたびに、それを遊びの要素にとりいれて、新しい遊び仲間を増やしていくのがアキオくんの得意技なのです。そんなこんなで、なかなか遊びの輪のなかにはいっていけなかった子も、アキオくんの創りだす遊びの楽しさや気さくな彼の人柄に誘われて、遊び集団にはいっていけるようになっていきました。

とくに、アキオくんは、きょうだいが多いせいか、中国民話の『王さまと九人のきょうだい』（君島久子＝訳、赤羽末吉＝絵、岩波書店）が大好き。図書館から探しだしてきて、私に「読んで！」とリクエストしたり、自分でも借りては読んだりして物語を楽しみながら、お友だちとかわるがわる「ぶってくれ」や「くいしんぼう」「ちからもち」の役になって、ごっこ遊びにも興じていました。

朝いちばんに飛んできてささやいた

さて、ある朝のことです。私が「おはよう！」と教室の扉を開けるやいなや、アキオくんが飛んできました。そして私の耳元にそっと口をあてて、「きのう、お父さんとお母さんにこのズボン買ってもらったんだ」とささやくのです。見れば、アキオくんがはいているのは、真新しい茶色い暖かそうなズボン。「アキオくん、かっこいーい！　とってもよく似合うよ。お母さん、アキオくんにぴったりのズボン選んでくれたんだね」。そのときのアキオくんの、うれしくてたまらない、はにかんだ笑顔を、私はいまでも忘れません。

考えてみれば、いままでアキオくんは、いつも上の三人のお兄ちゃんのお下がりばかり身につけていたような気がします。男の子四人のいちばん下ですから。しかも、すぐ下の妹はたったひとりの女の子ゆえ、当然のことながら、お下がりは着ていないはず。もしかしたら、そんなきょうだい関係のなかで、アキオくんは、お兄ちゃんたちや妹をうらやましいと思ったり、両親の愛情をひとりじめできないことをさびしいと思ったりしていたのかもしれません。

けれども、きのうは、お父さんとお母さんが、アキオくんのことだけを考えて買い物に出かけ、アキオくんのためだけに、アキオくんにぴったりのズボンを選んでくれたのです。アキオくんにとって、こんなにうれしいことはありません。だから、彼は、私のところに朝いちばんにそのうれしさを伝えに飛んできてくれたのでしょう。

さんぼのズボンはぼくのズボン

その翌日のこと、私はたまたまクラスで子どもたちと『ちびくろ・さんぼ』を読みました。すると、一ページ目からアキオくんの目が絵本にくぎづけになっているではありませんか。うしろのほうに座っていたのに、まえに座っている友だちのあいだをかきわけ、かきわけ、いちばんまえの列のはじっこまでやってきました。そして、さんぼがお父さんとお母さんに上着とズボンと傘と靴を新調してもらって、散歩に出かけるくだりになると、こぼれんばかりの笑顔で絵本ににじり寄ってくるのです。

私はこのとき、ハッとしました。このさんぼは、きのうのアキオくんそのもの、お父さんとお母さんに新品のズボンを買ってもらって、とてもうれしくて、すぐにでも身につけて出かけたくなってしまった、そのときのアキオくんそのものだと気づいたのです。

それからというもの、アキオくんは毎日、『ちびくろ・さんぼ』を借りて帰りました。ランドセルにいつも入れて帰ります。文章もすっかり暗記するほどでした。そして、廊下の太い柱のまわりを何人もの友だちとぐるぐる回って、トラごっこをしたり、算数のたし算の問題をつくるときには、ちびくろ・さんぼの家族の食べたホットケーキを題材にしたり、『ちびくろ・さんぼ2』に登場する「うーふ」と「むーふ」を「かわいいねえ」と何度も私に見せにきたりしたのでした。

こうして、アキオくんは、何度も『ちびくろ・さんぼ』を手に取り、楽しんでは、うれしさにはずむさんぼの気持ちをくり返し感じとっていたようです。大人は気づかないような物語のなかのほんのささいな部分からも、子どもは、あふれるほどの愛情を感じとっているのですね。

ミシンカタカタ、せつないワンピース

福家珠美

▼子ウサギが歩いていると、空から真っ白い布が落ちてきました。子ウサギはさっそく、ミシンでワンピースに仕立てます。それを身につけ、散歩に出かけると……。雨が降ると水玉模様に、小鳥が飛んでくると小鳥の模様に、虹の橋を通ると虹の模様に、ワンピースはつぎつぎとまわりの景色にとけこんで変化していきます。

『わたしのワンピース』
にしまきかやこ=絵・文
こぐま社
1969

ユウミちゃんの意識を一点集中させた魅力

『わたしのワンピース』には、ふたりの子どものせつない思い出があります。ひとりは、自閉的傾向と精神遅滞をあわせもつ小学校五年生の女の子、ユウミちゃんのことです。ユウミちゃんは、話すこと・聞くことがあまり得意ではありません。耳の聞こえの機能に問題はないのですが、聴覚的刺激ははいりにくいと診断されていました。そのぶん、視覚的刺激には敏感です。というより、目にはいるもの、はいるものがつぎつぎといっぺんに情報として受けとられて、その情報を取捨選択することがむずかしいのです。意識の集中する部分の情報だけとり入れて、関係ない部分は捨象するということが苦手です。だからつぎつぎ現れる視覚的刺激につき動かされて、たえず動きまわったり、ひっくり返ったり、じっとしていることがない、活発な子でした。

そのユウミちゃんが『わたしのワンピース』を開いて、私といっしょにイスに座ると、絵を見てにこにこしながら、両方のてのひらでページをパンパンたたくようになりました。いままでついぞ絵本に興味を示したことのなかったユウミちゃんが、はじめて絵本を好きになったのです。

「あれっ　ワンピースが　はなもようになった」というように、場面ごとにワンピースが花や星や小鳥の模様に変わった瞬間、座ったまま、腰を上下にぴょんぴょん動かして、「あー、あー」とうれしそうな声を出して笑顔を見せます。最後まで読みおわってもまだその場に座ったまま、「読んで〜」と催促するかのように、表紙を両手でたたいたり、ぴょんぴょん動いたりしています。

よく見ると、この絵本は背景が単色で、見るべき対象がしぼられ、たくさんの視覚的情報にふりまわされなくてすむ単純さが魅力です。ユウミちゃんにとっては情報を処理しやすい絵だったのかもしれません。でも彼女にとって『わたしのワンピース』は、それだけにとどまらない魅力があったのでは……と私には思えてならないのです。

「私も、この子にかわいい服を着せたかったんだ」

ある日のこと、ユウミちゃんがパステル・オレンジのやわらかい生地でできた、すそ広がりのAラインのワンピースを着て学校に来ました。私たち教員はびっくり。いままでユウミちゃんはスカートをはいたことがほとんどない子、ましてやワンピース姿なんてはじめてでした。そのかわいかったこと！　おてんばなユウミちゃんがあちこち動きまわるたびに、ワンピースのすそが広がり、ラインがふわりと風を誘って踊ります。

出会う教員だれもが「ユウミちゃん、ワンピースなの？　かわい〜い！」と声をかけるので、ユウミちゃんは思わずにっこり。ふだんなら、言葉をかけられたことすら気づかずに、自分の興味あるものめがけて突進しているのが常なのに、なぜだかその日は、みんなからの「かわいいね」のまなざしに笑顔を返していたユウミちゃんでした。

あとからユウミちゃんのお母さんにこのことを話すと、思いもよらない返事がありました。

「うちの子の動きはふつうの子とはあからさまに違うから、いままではスカートをはかせたりできませんでした。あんな乱暴に暴れる子にスカートはかせてと、世間の人は思うんじゃないかとか、障害児なんだから、なに着せたってどうせわかんないのに、あんなおしゃれさせてって、道行く人に思われるんじゃないかと思って、つい」

「障害もってるといろいろ保障を受けてるでしょう、だから世間の目が気になるんです。でも、先生が、〝ユウミちゃん、『わたしのワンピース』の絵本が大好きなんですよ〟って教えてくださったから、この子もワンピース着たいのかなあ、私もほんとうはこの子にかわいいワンピース着せたいんだって気づいて。思いきって着せてみました」

障害をもった子ゆえに、「きれいになりたい」という人としてごくあたりまえの気持ちすら抑えて生きていたなんて……。私には返す言葉がありませんでした。

アキちゃんが見入っていたものは

もうひとりは、児童養護施設で生活していた小学校一年生の女の子、アキちゃんです。アキちゃんがなぜ家庭から離れて、養護施設で暮らすことになったのか、私は担任ではなかったので、くわしいことはわかりません。ただ、学校にはいる少しまえから、両親が養育できないという理由で、養護施設で暮らしていました。

そんなアキちゃんが、ときどき図書室でおはなし会をおこなうと、かならずやってきて、絵本や紙芝居を楽しみにするようになりました。そして『わたしのワンピース』が大好きになったのです。アキちゃんは、「ミシン　カタカタ　ミシン　カタカタ」という言葉を何度も何度もくり返して唱えていました。ウサギがミシンで布を縫っている場面を見る目と、「ミシン　カタカタ」とリズムよく唱える口元から、つぎからのページを期待しているのが伝わってきます。そして白い布がどんどんすてきになっていくようすを、一場面、一場面、じっと見ているのです。アキちゃんは、けっして大げさな反応はしませんでしたが、この絵本が好きなんだなあと私は感じました。

それからしばらくしてからのことです。たまたま児童養護施設の先生とお話しする機会がありました。児童養護施設へ寄せられる寄付についての話題になったとき、その先生はこう言いました。

「親のいない子や親が育てられない子どもたちにと言って、いろいろな団体や個人から生活用品を寄付していただくのはほんとうにありがたいんです。でも、送られてくる物といえば、かなり着古した衣類だったり、二、三十年もまえの子どもがよく身につけていたような服や靴、カバンや文具が圧倒的に多いんです。いまさらだれも買わないような倉庫の在庫品を、処分するために寄付する会社も少なくないし。もちろん、ありがたいんですけど、子どももさすがに、これはあまり身につけたくないって、いやがることもあります。とくに小学校高学年以上になればね。でもね、福祉のお世話になってるくせに、ぜいたく言うなっていうのが、役所もふくめて世の中の人のどこかにあるんでしょうか。きれいなもの、ちょっぴりはやりのものを身につけたいっていう、ささやかな願望も、この子たちにはぜいたくだと言われちゃうんですよね。いまどきこんなの、ふつうの家庭の子でだれが持ってるんだろうと思うようなものでも、ありがたがっていただかなくちゃならないんですよね」

その言葉を聞いて、私は、『わたしのワンピース』に見入るアキちゃんの顔を思い出しました。アキちゃんが「ミシン　カタカタ　ミシン　カタカタ」と口ずさむ表情を。アキちゃんは、直接なにも語りはしませんが、もしかしたら、要らなくなったものをいただいている生活のなかで、人間としてごくあたりまえの「すてきになりたい」「きれいにおしゃれしたい」気持ちを胸の内に秘めていたのかもしれません。だから、すてきな景色にとけこむすてきなワンピースをじっと見つめていたのではないかしらと、私には思えてなりませんでした。

これが、『わたしのワンピース』を見ると思い出す、ユウミちゃんとアキちゃんの思い出です。

親子で読んだ

むなしさや孤独を考えはじめる年ごろに

橋之口哲徳

▼ある日、「ぼく」はひとりでいることが好きなことに気づいた。そんなとき、河川敷で出会ったおじいさんから「てんじくネズミ」の話を聞いた。そのネズミは、おじいさんが抱えていた「むなしさ」に引きつけられてやってきたのだというのだ。

『ビッグバンのてんじくネズミ』
石井睦美=作
長新太=絵
文溪堂、1996

成長するにつれ、わからなくなってきた息子

会社から帰宅すると、大きなこぶをつくった息子がいた。おでこのちょうど真ん中が、赤いピンポン玉を半分に切って置いたように盛り上がっている。小学二年生になって二か月、新しいクラスにもなれてきて、なにか起こりそうな時期だ。不安を抱きつつも、そのことを息子にさとられないように、こぶのできたわけをきいてみる。「ちょっと転んだ」とそっけない答え。もともと自分から積極的に学校のようすを話すことは多くなかったが、それでも以前はもう少しまともな答えがかえってきた。近ごろは、「ほんとうのことを話すつもりなんかこれっぽっちもないぜ」とでも言うように、当たりさわりのない答えばかりだ。息子が成長するにつれ、なにを考えているのかわからない、そう感じることが増えてきた。

そんな息子の心のなかにも、もしかしたら壮大な宇宙が広がっているのかもしれない、と期待させてくれるのが『ビッグバンのてんじくネズミ』だ。

少しまえまでは、ひとりで遊ぶのなんかごめんだった、まだ小四の「ぼく」は、ある日、ひとりで自転車を乗りまわしたり、ひとりでぼんやりしたり、本を読んだりするのが好きな「ぼく」になっていることに気づく。そんなとき、「ぼく」は河川敷でひとりのおじいさんと友だちになる。おじいさんは、てんじくネズミ（モルモット）の話をしてくれる。そのてんじくネズミは、ビッグバンに偶然に残されていた「むなしい」という思念そのもので、おじいさんが抱えているむなしさに引きつけられて、ネズミの姿を借りてやってきたのだという。

「ぼく」は、おじいさんの話を聞いて、「言葉の意味がわかっても、わかったことにならないことがある。平凡な生活を送っている小学四年生にむなしさがわかるわけがなかった」と思いながらも、むなしさとはなんなのかを考えはじめる。そして新しい自分の世界をつくりあげていくのだ。

「わからなさ」に耐え、待ってみよう

自分の子どもがひとりでぼんやりしていると、だれかいっしょに遊ぶ友だちはいないのかと心配になるし、なにかすることはないのか、といらだたしくも思う。子どもがひとりでいること、ぼんやりしていることは、親にはそれだけでちょっと抵抗があることなのだ。「遊んでばっかりいないで、少しは勉強したら？」と言っていた「ぼく」の母親も、「最近、お友だちとほとんど遊ばないんですって」と心配しはじめる。そんな母親の変化に対し、「ぼく」はまっすぐな気持ちになれない。

一方で、おじいさんとてんじくネズミの話を「ぼく」から聞きだしたおねえちゃんは、おじいさんのことを「気をつけたほうがいいと思うけど」と注意をうながしつつも、「万有引力とは／ひき合う孤独の力である」という詩（谷川俊太郎）を読んで聞か

せ、「おじいさんは、むなしかったんだろうか?」と「ぼく」といっしょに考えはじめる。「ぼく」の友だちも、変なおじいさんとつきあっていることに対して、「でも、だからって、おれたちは、おまえを見捨てたりはしないぞ」と言ってくれる。「ぼく」と親との距離は、以前ほど近くはないのだ。

いっしょにいないときの息子の行動をすべて把握できるわけはないし、いっしょにいたとしても、なにを考えているかなんてわからないことのほうが多いだろう。頭のなかをのぞくことができたとしても、ほんとうに考えていることはわからないと思う。ますます、そのわからなさの度合いは大きくなっていくだろう。そのわからなさに我慢ができず、すぐに手を出したり口を出したりしてしまいがちであるが、ときにはそれをグッとこらえて待つことが、親には必要なのかもしれない。それはとても忍耐が必要で、心身ともに疲れてしまうこともあるだろう。それでも、待ってみようかな、と私は思う。なぜなら、『ビッグバンのてんじくネズミ』の「ぼく」のように、息子の心のなかにも、壮大な宇宙が広がっているかもしれないから。

さて、こぶができた理由は妻が教えてくれた。掃除の時間に床をぞうきんがけしているところを、仲のよい友だちに背中を押され、床におでこをぶつけたのだ。「保健室でしばらくようすをみてから帰宅させます」と担任の先生から連絡をいただいたが、そうして帰ってきた本人はこぶのことはなにも話さず、遊ぶ約束があるからと元気に公園に出かけたそうだ。「押した子のほうが自分のしてしまったことに驚いてしまってかわいそうだった」と、公園から帰ってきた息子は話したそうだ。

しかたなく冒険に出る弱気なところが好き

橋之口哲徳

親子で読んだ

▼臆病でひ弱な少年ローワンは、川の水が干上がってしまった「リンの村」を救うため、村人六人とともに冒険の旅に出ることになる。ローワンは魔法を使えたり、とびぬけた能力があったりするわけではないが、それでも、自分のいま持っている力だけで危険に対処しながら、旅を続けていく。

『リンの谷のローワン』シリーズ全5巻
エミリー・ロッダ＝作
さくまゆみこ＝訳、佐竹美保＝画
あすなろ書房、2000〜2003

友だちとの関係を育んだクラス

小学校五年生の息子が『リンの谷のローワン』のシリーズにはまっている。おもしろいのは、学校のクラスの友だちどうしでだれが何巻を買うか相談して購入し、貸し借りしあっていることだ。

息子が三年生のとき、やはりエミリー・ロッダが書いた『デルトラ・クエスト』シリーズにはまっていた。息子が読む本を広げるチャンスとばかりに、私から『ローワン』もすすめたのだが、そのときはまったく興味を示さなかった。

市立図書館で借りるという方法もあるのに、なぜわざわざ友だちどうしで分担して本を買って、貸し借りをすることになったのか。

ひとつは、クラスの雰囲気がよいことが影響していると思う。授業参観で見た国語の授業で、一人ひとりの生徒に声をかけてまわる先生の姿や、子どもたちが手をあげて発言する姿は、とても自然だった。

「変なことを言って笑われたら恥ずかしい」とか「間違っていたらどうしよう」と子どもたちが気をつかわなくてもよい雰囲気ができあがっていた。

このようによい雰囲気のクラスになったのは、担任の努力によるところが大きいだろう。毎日、子どもたちと交換する「三行日記」。大学ノートに、宿題に加え、その日にあったことを三行書いて、先生に提出する。先生は、子どもたちが提出した宿題や日記に、赤ペンで毎日コメントをつけて返す。三十五人分のノートにコメントをつけて返すなんて、気が遠くなりそうな作業なのだが、その作業が先生と子どもとの信頼関係をつくりあげるのにひと役買っているのは間違いない。こういったクラスの雰囲気のよさが、友だちと本を貸し借りする関係をつくる土壌になったのだろう。

分担購入まえにつくったとりきめ

友だちどうしで本を貸し借りすることになったもうひとつの要因と思われるのは、学級文庫の存在だ。工作や絵が並ぶ教室の後ろのロッカーと窓際の壁のカラーボックスに、本がぎっしりと詰まっている。

『三びきのやぎのがらがらどん』、『エパミナンダス』、『冒険者たち』、『ズッコケ三人組』シリーズ、『クレヨン王国』シリーズ、『年をとったワニの話』、星新一のショート・ショートなどなど、ざっと数えても二百冊近い。個人面談のときに聞いてみると、先生の息子さんと娘さんが子どものときに読んだ本を学級に持ってきたのだそうだ。なるほど趣味が異なる本が並ぶわけである。

この学級文庫に『ローワンと魔法の地図』があったのだ。『リンの谷のローワン』シリーズは、この『魔法の地図』と『黄金の谷の謎』、『伝説の水晶』、『ゼバックの黒い影』、『白い魔物』の五巻。一冊めの『魔法の地図』がおもしろかったので、続きも読みたいと思った子どもたちが集まって、本を買うことになったらしい。

学級文庫に最初の一巻しかなかったことが、続きを読みたいという子どもたちの気持ちをより強いものにしたのだろう。息子に経緯を聞いてみると、学校の図書室に『ローワン』は置いていないし、市立図書館で借りるのでは、ゆっくり読みながら友だちどうしで感想を言いあうことができない。一人で五冊購入するにはお金がかかりすぎる。それならば、みんなで一冊ずつ買おうということになったのだそうだ。買った人が読んでいない本でも順番に貸し借りすることも、事前に決められていたという。そして、オオシマくんがすでに持っていたシリーズ二巻目の『黄金の谷の謎』は、すぐに仲間のなかでまわし読みされ、残る三冊は、『伝説の水晶』がオオシマくん、『ゼバックの黒い影』は息子、『白い魔物』はアオキさんと分担が決まり、それぞれが購入することになった。男の子と女の子がたがいを意識しないで友だちでいられるのは、この年代のすてきなところだろう。

臆病でひ弱なローワンに託された共感

子どもたちはなぜ、『リンの谷のローワン』シリーズにこんなに興味を示したのだろうか。それは、主人公の資質によるところが大きいかもしれない。

息子はローワンのおもしろさを「はじめは人についていくだけだった主人公のローワンが、しだいに勇気をだして自分から冒険に乗りだしていくところ」だと教えてくれた。

『魔法の地図』では、川の水が干上がってしまった「リンの村」を救うため、ローワンは村人六人といっしょに、竜が住むといわれる「禁じられた山」に登ることになる。ローワン自身は冒険の旅などしたくはなかったし、ほかの者たちもローワンを足手まといに感じていた。魔女から受けとった地図を読むことができるのがローワンだけだったので、しかたなくローワンはメンバーに加えられたのだった。けれども旅の途中、ひとり、またひとりと脱落していいくなかで、最後まで残って、川の水が涸れた原因をつきとめたのは、臆病でひ弱なローワンだったのである。

その後のシリーズをとおして、ローワンはずっと弱虫でこわがり屋のローワンでしかない。いくつかの冒険を経て、ローワンは村人たちから尊敬されるようになる。しかし、いくら周囲の人びとのローワンを見る目が変わっても、やはりローワンは、自分のことを「半端者」と考え、「どうして自分だけ、こんな弱虫に生まれてしまったのだろう」「たしかに、村人たちはほめてくれた。でも、それはローワンがローワンらしいから評価してくれたわけではない」と思い悩む。

本を貸し借りすることでローワンの冒険を共有した子どもたちも、この臆病でひ弱なローワンに自分の姿を重ねて読んだのではないだろうか。魔法が使えるわけではない、自分たちと同じ人間である等身大のローワンが冒険の旅に出て、生身で危険に対処しながら、なんとか冒険の目的を達成して帰ってくる。そんな冒険のおもしろかった場面やこわかった場面などを話しあいながら、冒険とともにローワンの悩みをも共有したのではないだろうか。

息子は、学校から家に帰ってくるとランドセルを玄関に置き、一分もたたないうちに、外に遊びにいく。学習塾に通う友だちが増えているが、それでもサッカーや野球やドロケイをして遊ぶ友だちがいる。曜日によって遊ぶ場所がだいたい決まっていて、「きょうは、新グラ（新グラウンド）！」とドアを開けたとたんに、息子は遊ぶ場所を告げる。この遊びに参加したいがために、習いごとをやめたいと言いだして親を悩ませた子どももいるそうだ。息子も、通っていたスイミングスクールを「バタフライまで泳げるようになったからやめる」ときっぱりと宣言した。理由は遊ぶ時間を増やすためだった。バタフライが泳げる自分よりも、新グラで遊ぶ自分が自分らしい！　と息子は思っていたのかもしれない。

親子で読んだ

だいじょうぶ、友だちはきっとできる

橋之口哲徳

▼毎日、幼稚園の行き帰りに郵便ポストにあいさつをするタツオ。ポストは一度でいいから、タツオといっしょに歩きたいと願います。そしてあしたから冬休みというクリスマスイブの日に、ポストはサンタクロースに姿を変えて、タツオのまえに現れます。ポストはタツオに、はじめて声をかけることができたのでした。

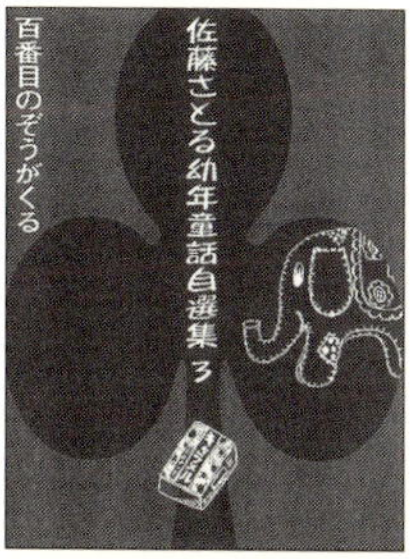

『友だち』佐藤さとる=作
世界文化社、1968
『佐藤さとる幼年童話自選集3』所収
ゴブリン書房、2003

一編のおはなしとの偶然の再会

『友だち』に再会したのは、もう二十数年もまえのこと、中学一年生のときだ。バスターミナルに近い小さな本屋、黒ぶちのメガネをかけたおやじさんがひとりで店番をしている。ぼくはいつものように、文庫本の新刊のなかにおもしろそうな本がないか探していた。偶然手にした佐藤さとるの作品集、そのなかにこのおはなし、『友だち』はあった。目次に記された『友だち』というタイトルを見たとたんに「これだ」と感じ、読んでみて「まちがいない」と思った。ぼくは、懐かしさよりもなんだかわからないうれしさで興奮して、家に帰って、クラス担任と生徒との交換日記「個人ノート」に、その再会の歓びを書きまくった。

『友だち』とはじめて出会ったのは、さらにさかのぼること約十年、保育園のときだ。月に一回、配られる幼児向けの月刊誌『ワンダーブック』（世界文化社）に、このおはなしは掲載されていた。赤ちゃんだったとき、ポストに「あ、あん」とあいさつしたのをきっかけに、タツオは幼稚園に通うようになってからも、その行き帰りにかならずポストにあいさつするようになる。毎日タツオにあいさつをされるポストは、一度でいいからタツオといっしょに歩きたいと思う。そしてあしたから冬休みというクリスマスイブに、神様のおかげで、ポストはサンタクロースになってタツオに声をかけることができる。『友だち』は、こんなとても短いおはなしだ。

保育園時代、友だちとの別れ

ぼくは保育園児のころ、多摩川の支流近くの都営住宅に住んでいた。通っていた保育園は都営住宅の敷地のほぼ真ん中にあり、自宅からは歩いて数分。ベランダの手すりのあいだからのぞけば、保育園の門扉が見えた。とても近かった。残念ながら、通園途中にポストはなかった。都営住宅の敷地内は、建物も道路もすべてコンクリートで固められていたけれど、敷地を出れば、アメリカザリガニを何匹もつかまえることのできる沼地があったし、多摩川の支流の河川敷には、自分の背よりも高いアシが生い茂っていて、そこを歩くのは冒険だった。四つ葉のクローバーが生えている原っぱだって知っていたし、こわくてひとりでは行かれないひっそりとした神社には、たくさんのドングリが落ちているのを知っていた。そんな場所で、保育園の友だちであるワタベくんやババくんといっしょに、毎日遊んでいたのだ。そんなぼくにとって、横浜に引っ越すことは大きな事件だった。

引っ越しのことをどのようにして友だちに伝えたのかわからない。「引っ越すんだよ、知らないの」と責められるようにババくんに言われたワタベ君は、その日の夕方、お別れの品の十二色の色鉛筆を持って、お母さんといっしょにうちへやってきた。お母さんのうしろに隠れるようにして立っていた悲しそうなワタベ君の顔をぼくは憶えている。

卒園式のまえに引っ越してしまったぼくは、往復五時間かけて卒園式に出席することとなった。卒園の記念にもらった黄色いパンジーの花を胸に抱え、なだらかに続く多摩丘陵の緑が車窓をいろどる電車に揺られる自分の姿を思い浮かべることができる。そして、そのときのさみしいようなうれしいような気持ちをいっしょに思い出すことができる。

声を出せないポストのやるせなさ

ぼくは、『友だち』が載っている『ワンダーブック』を、荷物のなかにしっかりと詰めて引っ越したのだ。母親は捨てようとしていたけれど、このおはなしだけは捨てることなんかできなかった。このおはなしのなかで、ぼくはタツオではなくポストになっていた。「自分がサンタクロースではなくてポストであることを、タツオに言ってしまえばいいのに」「一回だけでなく、好きなときに話ができればいいのに」と、ポストの気持ちになってこのおはなしを読んでいた。『ワンダーブック』にほんとうにそんな絵があったかどうか疑わしいのだが、私の記憶のなかのポストの姿は、声をかけたくても声が出ない、手をさしだしたくてもさしだせない、いっしょに歩きたくても歩きだせない、そんなやるせなさで、ぐにゃぐにゃになっているのだ。

大人になって、一男一女の父親となったぼくは、息子が小学校にあがる三か月まえに引っ越しをした。息子は、引っ越し先では、幼稚園で仲よしだった友だちといっしょに小学校に通えない。同じマンションに新入生が十人もいるのに、息子と同じクラスの子どもはいない。ほかの子どもたちは同じクラスの子どもとどんどん仲よくなっていくのに、息子は授業が終わるとひとりでダッシュで帰ってくることが多く、新しい友だちができるかどうか、とても心配だった。

二学期も終わりに近い天気のいい日曜日、キャッチボールを終えてのどがかわいたぼくと息子は、道路の向こうにあるコンビニに寄ろうと、信号が青に変わるのを待っていた。向こう側の歩道をひとりの男の子が歩いてくる。ちょうど息子と同じぐらいの年ごろだ。その子が横断歩道のまえに立つ。突然、隣に立っていた息子が手をあげて、「ようっ!」とあいさつした。

サンタクロースになって、タツオとはじめて話をして、手をつないでいっしょに歩いていくポストの浮きたつ気持ちのように、ぼくはとてもうれしかった。

3章◆本の五感……からだことば・ことばあそび

ヤスオちゃんが日がな一日つぶやいているのは、
テレビコマーシャルの機械音。
それがあるとき、わらべうたを口ずさむようになったのです。
一見、意味のないナンセンスのことばあそびを、
ここちよいと感じる感性のなんとすばらしいことか。
そう思いながら耳をすましてみると、
機械音を真似ているだけと思っていたものが、
じつはリズミカルな言葉のつながりになっていたのです。

読み聞かせおじさん登場！

橋之口哲徳

▼「これは　のみの　ぴこ」の一文からはじまる楽しい世界。「これは　のみの　ぴこの／すんでいる　ねこの　ごえもん」「これは　のみの　ぴこの／すんでいる　ねこの　ごえもんの／しっぽ　ふんずけた　あきらくん」と一ページごとに言葉がつみかさなり、はじめのページでは一行だけだった言葉の連なりも、最後にはページいっぱいになります。

『これはのみのぴこ』
谷川俊太郎=作
和田誠=絵
サンリード、1979

読み聞かせ初体験の「父親登校日」

「八時四十分に校長室に来てください」と、息子の担任からあたりまえのように伝えられたものの、子ども時代、職員室に行くこともあたりまえではなかった私は、なんで校長室に行かなければならないんだと、さらにドキドキしながら小学校に向かうことになりました。校長室にいる時間をなるたけ少なくしようと、約束の時間ちょうどに学校に到着するよう、時計をにらんで出発しました。

私が多人数に読み聞かせをするのは初体験なら、この小学校が保護者の読み聞かせを受け入れるのもはじめて。それをいきなり二年生の四クラス全部をまわってしまおうという大胆で無謀な試みは、息子の担任との立ち話で、あっさり決まってしまいました。私が子どもの本が大好きであること、子どもたちと本を読んでみたいと思っていることを知った先生は、「ぜひ、やりましょうよ！」とほかのクラスの先生方にも声をかけてくれたのでした。当日の準備に向け、連絡帳やメモで何回もおこなわれた先生と私とのやりとりは、息子が「交換日記みたいだね」と言うほどでした。

しかし、どんなに準備しても、心配はなくなりません。当日の朝、不安を少しでもなくそうと声を出しながら練習する私の頭のなかは、つっかえてしまったらどうしよう、字が見えなかったらどうしよう、立って読むか座って読むかはクラスごとに違うみたいだぞ、とつぎからつぎへと心配がわきでてきます。そんなたくさんの心配ごとのなかで、いちばん私を悩ませたのは、子どもたちが楽しんでくれなかったらどうしようか、楽しんでくれる雰囲気をどうやったらつくることができるだろうか、ということでした。

そんな私が、この本だったらかたくるしい雰囲気をやわらげ、子どもたちが「もしかしたら、このおじさん、おもしろい人なんじゃないか」と思ってくれるかもしれないと、一番はじめに読む本に選んだのが、『これはのみのぴこ』です。

ページをめくるたびに現れる新しい登場人物は、こんな人がこんなことするわけがないという、似つかわしくない行動をとり、こんなことがあるわけないという意外な場面が展開されます。小学校二年生の息子はもちろん、幼稚園年長の娘も大好きな本で、いつもふたりで大きな声を出して、どちらが早く正確に読むことができるかを競いあうのですが、ハアハアと息をきらせて読みおえたふたりの顔は、なぜかニコニコしているという楽しい本なのです。

教室の子どもたちは喜んでくれるでしょうか。「これは　のみの　ぴこ」と読んだ一ページ目から反応がありました。「のみだって」という声や「ふふふ」という笑い声。言葉がつながり、変わっていく場面に、「ぴこと関係ないじゃん」とか「『ぎんこういんと　ぴんぽんを　する　おすもうさん』だってさあ」と、ページを進めるとともに、声をあげる子どもたちが増えていきました。銀行員とお相撲さんというつながりのなさそうな人たちが、じつはピンポンをする仲間であるという意外性のおもしろさを子どもたちは楽しんでいるようです。スーツに黒ぶちメガネという典型的な姿の銀行員が、しそうもないピンポンを、お相撲さんとする、こんなことあるわけないじゃないか、でもあったら楽しいな、と思わせるのは、和田誠さんが描く絵によるところも大きいでしょう。

ひと息で読みきれるか。子どもたちも思わず深呼吸

私はこの本を読むときは、一ページをかならずひと息で読むことにしています。最後のページに近づくにつれ、息がだんだん苦しくなっていきますが、読み手にとっても聞き手にとってもスリル満点です。ページをめくってあらたに加わったフレーズだけはゆっくり読むと、場面が展開したこ

とがわかりやすくなるとともに、なんとか読みきったという安堵感もいっしょに伝えられるように思います。私がひと息で読もうとしていることに途中から気がついた子どもたちは、どんどん増えていく言葉に、ページを読みおえるたびに「はあ〜」というため息をつき、「がんばれー」という声援をおくってくれるようになりました。読むまえの私の深呼吸にあわせて、みんなも深呼吸。最後のページをひと息で読みおえたときは、大きな拍手をもらうことができました。おかげで、そのあとに読んだふたつのおはなしも、子どもたちは集中して聞いてくれました。

最後に、先生の発案で『これはのみのぴこ』を一人ひとり、一ページずつ読んでいきました。読みおわった人がつぎの人を指名。ハイ、ハイとたくさんの手があがります。息子もさされました。読みなれているからでしょう、得意げに読みはじめた息子でした。が、そういうときにかぎってつっかえてしまうところが彼のいいところです。ゆっくりゆっくり読む友だちにも、つっかえながらも最後まで読みきった友だちにも、みんなの拍手と歓声。最後のページを読みおえて、楽しく時間を終えることができました。私が小学生だったころにはなかった「ごはん給食」をみんなといっしょに食べて、終わりの会にも出席し、机とイスを黒板のほうに寄せて、掃除の準備をする子どもたちと抱きあったり、ハイタッチをしたりしながら別れました。

近所のお母さんたちから聞いた話では、家に帰ったとたんに子どもたちが、「これは　のみのぴこ」と暗唱をはじめたそうです。先日も登校途中の男の子から、「ああ、本読んだ人だあ。うちに『のみのぴこ』あるよ、買ってもらったんだ」と声をかけられました。胃が痛くなってしまうほど心配で不安だった自分をはげまし、「きょう読むはなしは、自分が好きなものばかりだから、そういう気持ちだけでも伝わるといいなあ」と読み聞かせに出かけた私にとって、もしかしたら少しは伝わったかもしれないと思わせてくれるうれしい出来事でした。こんなふうに、これからも本を通じて子どもたちとつながっていきたいと思っています。

ヤスオちゃんの傑作紙芝居

福家珠美

▼言葉のリズム、形のリズム、色のリズムが一体となって、からだいっぱい、言葉のトランポリンで遊んでいるような気持ちにさせてくれる絵本です。作者がアイヌやネイティブ・アメリカンの人びとから聞いた言葉、邦楽の音色、幼児語、人名などが、カタカナで見開きいっぱいにスキップしています。元永定正さんの絵がまた、それらの言葉をいっそう楽しく軽やかにはずませているのです。

『カニ　ツンツン』
金関寿夫=文
元永定正=絵
福音館書店、2001

ヤスオちゃんの聞きとった「言葉」

ヤスオちゃんは自閉的傾向と精神遅滞をあわせもつ五年生の男の子。からだはすでに私よりもやや大きく、体重も重い子です。けれども、朝のだっこからはじまって、おんぶ、ゆらゆらなど全身でのスキンシップが日常会話のようなものです。それが担任である私と彼をつなぐほぼ唯一のコミユニケーション手段でした。

もちろん、自分の感情を表現する言葉はほとんどなく、あっても一語文どまりです。快・不快はすべて、からだやしぐさで表します。そのかわり、自閉の子特有のオウム返しの言葉は活発でした。ヤスオちゃんにとって、テレビのコマーシャルでくり返される声・音・機械音はとくに耳に残る「言葉」だったようです。日がな一日それらを口ずさんでいるのです。

ところが、そのヤスオちゃんがいつのまにかテレビ音のかわりに口ずさみはじめたのが、わらべうたでした。これまではほかの子といっしょにわらべうたで遊ぶときも、お散歩しながら山の木々や草花にわらべうたで歌いかけるときも、表情ひとつ変えずに、ただいっしょにいるだけと見えたヤスオちゃんが、あるときから、ふと、ひとりでそれらのわらべうたを口ずさむようになったのです。テレビ音以外の言葉を自分からすすんで口に出したことがなかったヤスオちゃんが、「きーりすちょん」としぐさ遊びのとなえ言葉を口ずさんでいる！　からだを動かし、自然とたわむれ、感性をくすぐられながら歌ったわらべうたが、ヤスオちゃんの耳にきっと心地よかったにちがいありません。

そのとき、私は、ヤスオちゃんは健常の子以上に、言葉のもつ語感やリズムに敏感なのではないだろうかと感じたのです。わらべうたの一見、なんの意味もないようなナンセンスのことばあそびを、心地よいと感じる言葉の感性はなんとすばらしいことか。そう思いながらヤスオちゃんのひとりごとにあらためて耳をすましてみると、機械音を真似ているだけと思っていたものが、じつはリズミカルな言葉のつながりになっているのです。まるで谷川俊太郎さんの詩のように。そんなおり、私は『カニ　ツンツン』に出会いました。「これだ！　ヤスオちゃんの世界だ！」と、そのときピーンときたのです。

つぶやきが形になってあふれ出る

「カニ　ツンツン　ビイ　ツンツン」「ピイヒャラ　ピイパッパ」「トンガ　コンガ　オロンガ」

いっしょに読んだそのときから、ヤスオちゃんの耳はこれらの言葉にくぎづけになりました。本など、紙のたば同然といったようすだったヤスオちゃんが、この本だけは、自分から読んでくれと要求するようになったのです。私とヤスオちゃんは、この本を手にしているときも、そうでないときも、いつでも「カニ　ツンツン」と、はずむように口ずさみながら、遊びました。そして、ヤスオちゃん流の不思議な言葉が、彼のクレヨンの動きといっしょにあふれ出るとき、紙に描かれた色や形は、言葉のリズムとひとつになって、私の心を楽しませてくれたのです。

そのとき、「そうだ！　このヤスオちゃんの絵と言葉を紙芝居にしよう！」と私は思いたちました。そうして仕立ててみると、金関・元永コンビの『カニ　ツンツン』に勝るとも劣らぬ存在感のある作品の完成！　カレンダーの裏紙にいたずらがきしたような絵だけれども、ヤスオちゃんのつぶやきを声にしながら見てみると、あれあれ、クレヨンの絵まで踊りだすようなのです。あっという間に、マスダヤスオ作のことばあそび紙芝居のできあがり。さっそく、ヤスオちゃんと私は、紙芝居屋さんに変身して、いろいろなクラスに紙芝居を見せにまわりました。障害児学級の子も、普通学級の子も、なんだかわけのわからないへんてこな言葉や絵が、一定のリズムで動いていくのをとても面白がりました。「こんな面白いものつくれるの？ すごーい！」と、たちまちヤスオちゃんにあこがれのまなざしがそそがれたのです。知的障害児を担当している私に対して、「先生って、バカな子専門なんだ」と言っていた子まで、ヤスオちゃん作の紙芝居にはおなかを抱えて笑い、楽しんでいました。

ヤスオちゃんにとっても、そのことが自分の自信につながっていったのでしょうか。感情表現のとぼしかった顔にも、声にも、行動にも、そして言葉にも、要求や拒否、うれしさや悲しみが表れはじめました。「いやだ！」と大きな声で友だちの腕をつかむヤスオちゃんを見たとき、自分から人にかかわりをもとうとするすさまじいほどの意欲を、はじめて見た気がしました。ヤスオちゃんは、友だちに認められる手応えをとおして、自分という存在を確かにしはじめている、自分の感情を確かにしはじめていると私は感じました。

知的発達に障害をもっている子は、健常児よりもむしろ、原初的な感覚をみずみずしくたずさえている場合が多い気がします。ヤスオちゃんの耳の感性は、言葉のリズムに込められた先祖の言霊を、鋭敏に感じとる力をもっていたのではないでしょうか。その力をひき出してくれたのが『カニ　ツンツン』だったのではないでしょうか。

類書に『もけら　もけら』（山下洋輔＝文、元永定正＝絵、福音館書店）、『ころころころ』『がちゃがちゃ　どんどん』（元永定正＝作、福音館書店）、『もこもこもこ』（谷川俊太郎＝作、元永定正＝絵、文研出版）などがあります。いずれもヤスオちゃんが喜んだ絵本です。

テッちゃんに教わった「歌い読み」

福家珠美

▼「さる・くる」からはじまって、「さる・みる」「さる・ける」「さる・とる」「さる・うる」「さる・やる」と、最初から最後まで「さる」と「〜る」が調子よくドッキングして飛びでてくることばあそびの絵本。

『さる・るるる』
五味太郎=作
絵本館
1979

はじめて知る動詞も一発でつかめるフシギ

子どもと同じ感覚をもった稀有な大人、五味太郎さんの登場です。五味太郎さんの本のなかでもひときわ記憶に残っているのが、『さる・るるる』です。たんなることばあそびの本と思っていましたが、それぞれの文がつながると、ちゃんとひとつのストーリーになっていて、「さる・ねる」

のオチまでひとつも見逃せません。また、さるの動きや表情が単純でわかりやすく、それぞれの動詞の意味がまっすぐに、すとんと子どもの心におちる感じです。

この絵本をみんなで楽しむためのレシピを、ご紹介します。クラスのみんなで楽しむには、ちょっとこの本はサイズが小さすぎます。だから、おおぜいの子のまえで見せたいときは、八つ切り画用紙に写して、紙芝居にするのです。「さる・のる」などの文は表の絵の部分には書かないで、読み手が声に出せばOKです。

そして声に出すときには、♪さるるる・さるるる・さるるるる、さるるる・さるるる・さるるる~♪と、てきとうなメロディーとともに「はじまりはじまり」をしてから、続けて、それぞれの文や画面にあわせた節をつけてみてください。子どもはめちゃくちゃ喜びます。すると、何ページぶんか読んだところで、子どもたちのなかから、場面にあわせたメロディーが生まれてきて、しだいにみんなでハチャメチャに歌いながらの紙芝居見物となります。

とくに、さるが竹馬に乗って、走っているダチョウと競走する場面では、子どもたちが大急ぎで回らない口を動かして、「さる・せる、さる・せる、さる・せる、さる・せるー」と早口ことばうたを歌います。ふだん「せる」なんてむずかしい動詞、低学年の子どもは聞いたことも使ったこともないですよね。でもね、五味さんの絵とことばあそびのセンスのおかげで、子どもは、初対面の言葉に対しても、なんの違和感も感じず、むしろその動詞の本質や雰囲気を一発でつかんでしまうんです。ふしぎー！　これが国語の教科書の教材に出てきた新出語句なら、こんなふうに説明もないまま、子どもの心にすっとはいることはないでしょう。

じつは、こうして『さる・るるる』に好き勝手なメロディーをつけて読むようになったのは、テッちゃんという一年生の男の子に出会ってからでした。こんな『さる・るるる』の楽しみ方を私に教えてくれたのは、テッちゃんだったのです。

図書館の書棚から「このさる、見つけた」

テッちゃんは五歳ぐらいまで片方の耳が聞こえませんでした。小学校にはいるまえ、親御さんが彼の耳の状態に気がついて治療をし、だいぶ聞こえるようになったものの、意識的に言葉を「聞く」という習慣はついていませんでした。一年生になってから、私が毎日、絵本の読み語りをしても、気が向かないのか、聞くのが面倒なのか、興味がないのか、無視してお絵描きなどしています。そのテッちゃんがどういうわけか、近くの公共図書館の書棚から『さる・るるる』を見つけだし、私に見せにきました。

ちょうどそのころ、私の学校で使っていた光村図書の一年生の国語教科書には、教材としてこの『さる・るるる』の一部が載っていました。ところが、教科書では「さる・くる」「さる・みる」などの文が全部「さるがくる」「さるがみる」などに変わっていたのです。おそらく、教科書会社としては、「が」という助詞のない文なんて、国語教材としては文部省検定に通らないと判断したのでしょう。しかし、「さる・ける」にくらべて「さるがける」のなんと野暮ったいことよ！　身も心も軽く弾むゴムまりのようなリズムだったのが、たちまち、ドシンと地面に落とされた鉛の玉のような言葉に変えられていたのです。

けれども五味さんのさるの絵が、教科書の重い言葉に屈しなかったのか、テッちゃんはこのさるの絵がえらく気に入ったようでした。そして、図書館で、てのひらにのるような小さなこの『さる・るるる』を見つけだしてきて、「先生、このさる見つけた」とうれしそうに見せにきたのでした。

テッちゃんの耳の感覚に脱帽

このテッちゃん、わりと凝り性で、なにかを気に入ると、日がな一日でもそれで遊べる子です。案の定、「貸して、貸して」と寄ってくる友だちを情け容赦もなく追いはらい、『さる・るるる』を独占し、悦に入っていました。おそらく、私にも貸してはくれないだろうと思いつつ、近づいていってようすを見ていると、まあ、テッちゃんが声に出して読んでいるそのリズムやらメロディーやらが面白いこと、面白いこと。『さる・るるる』を歌うようにして読むなんて、私には思いつきもしませんでした。きっと、絵をなんべんもくり返し見ているうちに、自然に絵にあった節が浮かんできたのでしょう。いかにも即興の、すぐ忘れてしまいそうな鼻歌でしたが、私には、テッちゃんの読んでくれた『さる・るるる』がいままでいちばん、さるがかわいく感じられた『さる・るるる』でした。

「聞く」ことや言葉そのものにあんなに無関心にみえたテッちゃんが、じつはこんなにすてきな耳の感覚を秘めていたんだなあと、私はびっくりしました。いえ、むしろ、いままで私が語感に対して無頓着すぎたから、テッちゃんは、私の読み語りなんて聞く気にならなかったのかもしれません。うーん、まいった！　というわけです。

それ以来、私はどの学年を受けもっても、『さる・るるる』をテッちゃんから学んだ方法で読んでいます。不思議なことに、いつでも子どもたちは、私以上にさるの気持ちや雰囲気にぴったりの節を口ずさんでいます。五、六年まえからは『いっぽんばし　わたる』（五味太郎＝作、絵本館）も横に細ながーい紙芝居にして、『さる・るるる』のつぎに読んでいます。これまた、子どもたちのつくるメロディが最高！　『さる・るるる one more』や『さんさんさん』『おまたせしました』『さる・るるる・かるた』（すべて絵本館）などなど、五味太郎ワールド、日替わりメニューでおためしあれ。

「かおかお、どんなかお？」でコミュニケーション

福家珠美

▼単色無地の背景に、丸や四角や三角など単純な形にデフォルメされたさまざまな表情の顔が、一ページにひとつ描かれています。はじめは「かお　に　め　がふたつ」だけ、しだいに鼻と口が増えて、「かお」になります。そしてその顔が「たのしい　かお」「かなしい　かお」「わらった　かお」「ないた　かお」などいろいろな気持ちをともなって変化していきます。

『かお　かお　どんなかお』
柳原良平=作・絵
こぐま社
1988

人と人とのコミュニケーションのはじまりは、相手の顔を見て、相手が自分を受け入れてくれるという安心感を得ること、「この人になら気持ちを伝えたい」と思うことにあるといわれています。

重度の障害をもつ子どもたちは、言葉の理解が困難なぶん、人の顔に映しだされた感情や気配を察することにより敏感です。ですから、大人がいくら言葉で「○○ちゃん、えらかったねえ」とか「○○ちゃん、すご～い！」などとほめたとしても、言っている人の顔の表情がその言葉とそぐわ

なければ、すぐさま子どもに本心を見抜かれてしまいます。腹の底から思っていないことをとりあえず言っておこうものなら、「先生、ほんとうはそう思ってないくせに、とりあえずほめてるだろ～！」と、すぐさま顔の表情で読みとってしまう子どもたちなのです。

言葉と裏腹な教師の表情を察知され

五年生のシンちゃんを担任していたときのことです。シンちゃんは自分の足で立ったり、動いたりすることはできませんが、手なら動かすことができますし、目でいろいろなものをよく見ることができます。シンちゃんはからだの調子をととのえるために、一日に数回、決まった時間に一定量の水分を確実に摂取しなくてはいけません。朝、登校したらすぐに水を飲んでもらわないと、その後の体調が大きく左右されてしまいます。担任としては、シンちゃんの水分摂取は重要な仕事でした。

クラス替えをしたばかりの新しい担任は、慣れるまではなかなかシンちゃんの発信を受けとめることができず、シンちゃんの姿勢や首とくちびるの角度、のどの状態を飲みやすく調整することがむずかしいのです。私も担任してまもなくはそうでした。

さて、ある朝シンちゃんは、上手にコップの水を飲むことがなかなかできず、私は「どうしよう」とかなり困っていました。しだいに、その困った気持ちに加えて焦燥感がつのってきて、言葉では「シンちゃん、おいしいよ。ゴクゴクおいしいよ。いっぱい飲もうね」といかにも楽しそうに話しかけていたのですが、どうやら私は、「時間がないのよ。早く飲んで～！」と言わんばかりの強迫的な表情になっていたようなのです。シンちゃんは私の顔を見て、だんだん悲しそうなつらそうな、いまにも泣きだしそうな表情になってきました。シンちゃんだって、ゴクゴクと順調に飲みたかったはずです。でも、思うように飲めない姿勢、体調、そしてコップを口に当てている先生との呼吸もあわず、私以上につらかったにちがいないのです。さあ、もうこうなったらおしまいです。シンちゃんのからだ、くちびるはこわばり、もう一滴の水も口に入れることができなくなってしまいました。

このときからしばらく、シンちゃんが私の顔を安心して見ることができなくなっていることがわかりました。重度の障害をもつ子どもにとって、なによりも大切な教育課題は、人とのコミュニケーション意欲・能力を育てることです。それなのに、私は、まずその第一歩からつまずいてしまったのです。

顔遊びでいろんな表情に大笑い

さて、そんな状況を好転させてくれたのが、顔遊び。シンちゃんは人の表情に敏感なぶん、それだけ顔には興味津々なのです。ゆっくりしか動かせない手を一生懸命に伸ばして、仲よくなったお友だちの目や鼻や口やほおを指でさわろうとします。

シンちゃんは、大好きなカンちゃんやハルくんがそばにくると、その顔にゆっくり手を伸ばしてなでようとします。なでられている友だちもうれしそうな表情をしているのを見て、シンちゃんはますますうれしくなって、ますます指を動かしてなでなでしています。とくに目の見えないハルくんは、シンちゃんのやわらかい手でさわられる感触が気持ちいいのか、すぐに「うふふふ」と笑いはじめます。シンちゃんはそのハルくんの微笑んだ目尻や口元に、いっそう手を伸ばしていました。

そのとき、私がシンちゃんの指にあわせて「この指この指お鼻がすーき、この指この指お鼻がすーき、くっついちゃった、くっついちゃった、どうしよう」と歌うと、ハルくんたちもますますケラケラ笑いはじめ、つられてシンちゃんもにこにこしながら、自分の指で友だちの鼻をさわりつづけます。シンちゃんの指にふれ、私は「う～ん、う～ん」と何回もうなって、シンちゃんの指をハルくんの鼻からひっこ抜こうと力を入れるふりをしました。ふりをしながらもなかなかひっこ抜けないシンちゃんの指、その直後、私は「ぽーん！」と勢いよく叫び、それと同時にシンちゃんの指をハルくんの鼻からひっこ抜いて放しました。すると、シンちゃんもハルくんも、それを見ていたカンちゃんも、ゲラゲラおなかから声を出して大笑い。あまりに楽しくて、目もおでこもほおも口も……どんどんくっついちゃった遊びを楽しみました。

こうして、すっかり楽しい顔遊びを共有したシンちゃんと私は、ふたりで鏡に向かっていろいろなわらべうたの顔遊びを楽しむようになりました。シンちゃんも朝、会うとすぐに、私の顔に手を伸ばすほど、私の表情に安心してかかわることができるようになりました。

そのシンちゃんがいちばん気に入った本が、『かお　かお　どんなかお』です。きわめてシンプルな線で描かれた円、一ページ目ではまず、これが「かお」であることを読者に紹介しています。それから、まず円に目がふたつで「かお　に　め　が　ふたつ」、つぎに鼻、口が書きくわえられて顔のできあがり。シンちゃんと私はこの絵を見ながら、おたがいの目や鼻や口を指でさわって確認しました。

そのあとは、楽しい顔、悲しい顔、笑った顔、泣いた顔、怒った顔、眠った顔、たくましい顔、こまった顔、あまーい顔、からい顔、いたずらな顔、すました顔、いい顔、最後はさよならの顔と、顔の絵は百面相のように変化します。目鼻立ちはもちろんのこと、顔の形も円からいつのまにか横長楕円、縦長楕円、涙型、そら豆型、ホームベース型などなどに変わっていき、顔の色も表情によって異なります。まさに変幻自在な人の顔！

その一つひとつの表情を、私は一ページめくるたびに、自分の顔で真似をしてみました。楽しいこと、悲しいことなど一つひとつの感情がわき起こるように具体的なできごとを思い出しながら。するとシンちゃんはくいいるように、私の顔と絵本の顔の絵を見くらべているのです。そして、ときに口を顔いっぱいに広げて声をたてて大笑いしています。「わらった　かお」のページではあまりにシンちゃんが大笑いするので、私も笑いがとまらなくなってしまって、「わらった　かお」の真似をやめたくてもやめられないほど、笑いつづけていました。ふたりですっかり笑いのツボにはまって、しばらく脱出できなくなってしまったみたいでした。

絶品、シンちゃんの「あまーい顔」

シンちゃんがとくに好きだったのは「あまーい　かお」。シンちゃんのママは以前、ヨーロッパへケーキ職人の修行にいっていたほどのケーキづくりの名人です。シンちゃんのママのつくるおやつはまさにプロの味。ですからシンちゃんも、生クリームやチョコレートたっぷりのふわふわケーキには目がありません。なによりもママのつくるおやつを食べるときが、シンちゃんにとって最高の至福のときです。

あるとき、たまたま連絡帳に貼ってあったママの手づくりバースデーケーキの写真を見ながら、私とシンちゃんはおはなしをしました。そして「あまーい　かお」の絵を見て、あまーいケーキを食べるときを想像して真似してみました。シンちゃんはそれはもう目を細めて目尻を下げ、口元をゆるめていまにもよだれが垂れそうな表情。ふたりでしばし「あまーい　かお」にひたり、シンちゃんのママのつくったお菓子を食べている気分を満喫していました。この瞬間があまりにもしあわせだったので、シンちゃんも私もこの絵本を開くと、「あまーい　かお」のページを期待してドキドキ。いよいよつぎは「あまーい　かお」というときになると、シンちゃんは目をきらきらさせて自分から手を伸ばし、ページをめくろうとしていました。

シンちゃんがもうひとつ好きだったのが、「すました　かお」。めったに気どったりすましたりすることのない私が、せいいっぱいおすましした表情で、お上品をきどって背筋をのばし小首をかしげたりすると、シンちゃんは大笑いしています。あまりに私に似合わないそのそぶり、そのアンバランスさがとてもおかしかったのかもしれません。

「いたずらな　かお」は横目で歯を見せてニタニタしている表情が、同じクラスのカンちゃんにそっくり。カンちゃんはタオルを落としたり、ひもを引っぱったりといたずらしては、先生の気を引こうとする子。そのカンちゃんの「えへへっ」という顔の横に「いたずらな　かお」の絵を並べ、私も真似してみると、シンちゃんもカンちゃんも大笑いです。

単純な線と色だけで描かれた顔の絵ですから、本物の顔からはそうとう抽象化されていますが、それぞれの表情のポイントと雰囲気がこの絵には備わっているのだと、つくづく感心しました。しかも、子どもは、言葉に頼って生きている大人よりもはるかに、もの言わぬ顔の表情に敏感です。だから、子どものほうが大人以上に、ここに描かれた顔たちの気持ちを感じとっているのかもしれません。

ヨシくんの感覚世界にベストマッチした一冊

福家珠美

▼子どもたちに親しまれている動物たち（ゾウ、ネズミ、鳥、虫など）が登場して、それぞれの「うんち」を披露します。大便の大きさや形、色やにおいの違いや排便の習慣の違いを端的に示して、排便の意味を伝えてくれる本です。生きているものはみな、食べてうんちをするということが、ユーモアいっぱいの絵と文で描かれています。

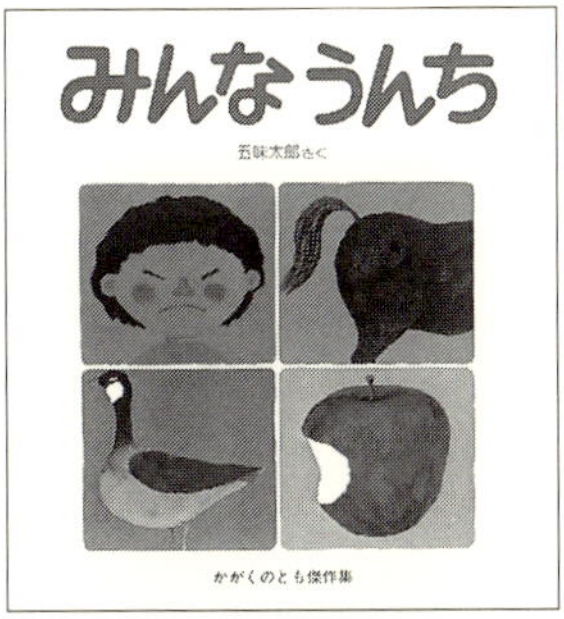

『みんな　うんち』
五味太郎=作
福音館書店
1977

言葉の内実を視覚以外でつかみとる

ヨシくんは肢体不自由と知的障害をあわせもつ小学校三年生の男の子です。自分で歩くことはできないけれど、SRCウォーカーという歩行器にまたがると、ぐんぐん前に進んでいくことができます。入学してから少しずつ、「あい」という返事や、「おしまい」「出た」など、単語でお話しすることができるようになってきました。ご機嫌なときは、ひとりでなにやらブツブツひとりごとを言って笑っています。

毎朝、スクールバスから降りると、歩行器で校内探検するヨシくん。他学部や高等部の先生、教頭や校長、事務職の方や用務員のおじさんにまで「ヨシく〜ん、いつもすごいねえ」「きょうも快調だね、ヨシくん」と声をかけられます。ヨシくんはそのひとこと、ひとことに耳をそばだて、にっこりしたり、うふふふふと笑ったり、ますますがんばって足を出したり、「あい！」と大きな声で返事を返したりします。

こんなふうに、外からの声によーく耳をすましているヨシくんですが、じつは目がほとんど見えません。かすかに明暗を感じることができる程度でしょうか。それだけに、音には敏感で、私たちがまったく気にとめないような音をも、全身で感じとり、ビクッと大きく身震いして驚きます。また、心地よい歌やメロディーには、身も心もすっかりリラックスしてしまうのか、恍惚の表情で聴き入っています。とくにわらべうたや手遊びうたなどはすぐに覚えてしまって、いつのまにか口ずさんでいたりします。

私たちはヨシくんとかかわるとき、かならず話し言葉といっしょに、言葉を具体的にあらわすものにふれさせるようにしています。たとえば、「お茶飲む？」と誘う場合、ヨシくんが毎日使っているコップを彼の手にあてます。もしくは、お茶を注いでその音を聞かせて、さらに温かいお茶のはいったコップに手をあてさせます。口に入れてもよいものの場合は口に運び、においをかぐことができる場合は、鼻に近づけます。触覚刺激も手だけでなく顔や体幹、足など身体のさまざまな部位で感じられるように工夫します。ヨシくんは、言葉を視覚的な刺激とともに獲得することができないため、視覚以外のあらゆる感覚を駆使して言葉の内実を具体的にしてゆかなくてはなりません。そのせいか、ヨシくんは、手触りや香り、におい、場の空気に対して、快・不快をとてもよく感じとって、笑ったり、泣いたり、怒ったり、すねたりなど、百面相のように豊かな表情で感情を表現してくれます。

「うんち出た！」の日は超ゴキゲン

そんなヨシくんが、最近とてもお気に入りの絵本が『みんな　うんち』です。そもそもが、ヨシくんは便秘がちな体質。畳の上に横になるとすぐにコロコロとあちこちに寝返りをうって移動し、手足をパタパタ動かしている活発な子ですが、どうも小さいころから便秘症のようで、ひどいときには一週間ちかく便が出ません。

身体感覚がとても敏感なヨシくんだけに、五日、六日と便秘が続くと、朝から不機嫌な顔をしています。そして、キイキイといらだった声をあげたり、手をふり上げたり、おろしたり、眉間にしわをよせたり、口をへの字にしたり。あまりにもいらいらしているときは、火がついたように大きな声で泣き叫びます。

ところが、前日に家でうんちが出て、すっきりした翌日は、朝から鼻歌まじりの超ゴキゲン！

スクールバスを降りると「体育館行く〜！」と言って体育館までスイスイ歩行器で進んでいきます。体育館のなかを何周も歩きながら、私と歌を歌ったり、お話ししたり、ほかの先生と遊んだりしています。そして気がすむと「お部屋行く〜！」と言って教室に向かいます。自分がどこにいるかが見えないので、たえず「ここは？」と教員に尋ね、教員に「廊下」とか「エレベーター」などと答えてもらうと、自分でも復唱して納得しながら歩いていきます。そして排尿したくなると自分から「トイレ」と言って、私といっしょにトイレに行くのです。

ヨシくんはオムツを使っていますが、自分から「トイレ」と知らせる力が徐々についてきているので、午前中はパンツをはいて過ごし、トイレでの排泄をいま学習している最中です。ですからトイレでの排泄のときは、私が抱きかかえていっしょに便座に座ります。便が出た翌日には、そのときかならず「うんち出た！」と教えてくれます。

『みんな　うんち』を熱烈リクエスト

その日もヨシくんは便器に座って、私に「うんち出た！」と教えてくれました。私が「そう、うんち出たの？　よかったね。おなかスッキリしたでしょう」と言いながら、ヨシくんのおなかをまるくさすると、とても気持ちよさそうな表情をしています。あまりにもその顔がかわいかったので、私は思わず「かわいいヨシくんは　かわいいうんち　げんきなヨシくんは　げんきなうんち　おおきいぞうは　おおきいうんち　ちいさいねずみは　ちいさいうんち　みんなうんち　みんなうんち」と話しかけていました。するとヨシくんは便器に座りながら「うふふふふ」と声を出して笑っています。もう一度、私がそう言うと、また「うふふふ」とにっこり笑顔。つぎは自分の右手で私のももをトントンたたくので、「ヨシくん、もう一回?」と聞くと、「あい!」とはっきり返事が返ってきました。リクエストに応えてもう一回、私は「かわいいヨシくんは　かわいいうんち……」と語りはじめました。

そんなトイレでのひとときがとても楽しかったので、私は翌日、『みんな　うんち』を学校に持っていきました。そして、ヨシくんを私のひざに抱いて、「ヨシくん、『みんな　うんち』のご本、持ってきたよ」と話しかけながら、ヨシくんの手を『みんな　うんち』の表紙の上で滑らせました。絵本をたくさん触ってから、私が「みんなうんち、五味太郎作、福音館書店」と言うと、「なんだろう?」と不思議そうな表情のヨシくん。いっしょに手をとってページをめくり、私が「おおきいぞうは　おおきいうんち」と読むと、じーっと身動きひとつせずに聴き入っていました。そのあと、いっしょに手でゾウやネズミの絵をなぞり、うんちの絵は手でトンとたたきました。まるでポトンとお尻から出てきたように。そんな調子でいっしょにページをめくっては言葉を聞きながら、絵を手でなぞり、またページをめくっては——。最後までヨシくんは、全身を耳にするかのようにじーっと私の語る言葉に集中していました。

ヨシくんのこの集中ぶりに、私は驚きました。ヨシくんは目が見えないせいか、自分にとって不快な音や声を感じたとき、まわりの状況がつかめないとき、じっとさせられているとき、雰囲気に違和感を感じたときなどは、人一倍、いらいらしたり、かんしゃくを起こしたりしがちです。

ところが、はじめて出会うこの本の言葉に、ヨシくんはいらだちや不快を感じるどころか、びっくりするような集中力で聴き入っているのです。いままでヨシくんといろいろな絵本を読んできましたが、なかなか彼のお気に召すものがありませんでした。しかし、今回は違います。おまけに、読みおわると、トントントンと右手の握りこぶしで私の手をたたいてリクエスト。二回読みおわったあと、私が「みんなうんち、おしまい。おしまいにする?」と尋ねると、なんと、ヨシくんは「もう一回!」と、はっきり言葉で要求したのでした。

うっかりすると、障害をもった子を受け身に育ててしまうことが少なくありません。つい大人に介助されるがままにさせがちです。だからこそ、障害をもった子は心地よいことを何度もくり返し体験し、自分から「もっと体験したい!」と要求表現できるようになってほしい、自分の選択で主体的に生きる力を身につけてほしいと、障害児教育に携わる者は願っています。ヨシくんは、遊びや生活のさまざまな場面で少しずつ、はっきりと要求表現ができるようになってきていました。けれども、私といっしょに読んだ絵本のうち、彼からこのように要求されたのははじめてでした。

毎日楽しむ、ヨシくん流のバリエーション

そしていまでは毎日、ヨシくんと私は『みんな　うんち』を読んで楽しんでいます。うんちが出ていない日も、「みんなうんち」と口ずさみながら読んだあと、「うんち出るおまじない!」と言っ

て、私がヨシくんのおなかをマッサージするのが日課になりました。

「うんち」という言葉がくり返されるところが韻を踏んでいて、ヨシくんも私もお気に入りです。韻を踏むのが気持ちよいので、ところどころ言葉はヨシくん流に変えて、「とまってうんち　あるいてうんち」(原文は「あるきながら　うんち」)、「あっちこっちで　う〜んち」(原文は「あちらこちらでうんち」)と読んだり、へびの絵を頭からおしりまでゆっくりなぞって「へびのおしりはどこ?」と音を伸ばしたり、「おとなもうんち　こどももうんち」を「おとうさんもうんち　ヨシくんもうんち」とヨシくんにとってわかりやすい表現に言いかえたりしています。お父さんが大好きなヨシくんにとっては、ここもお気に入り。ときにお兄ちゃんや弟の名前も入れて楽しんでます。

ヨシくんのように絵は見えなくても、『みんな　うんち』のような本なら、言葉のリズムだけでじゅうぶん楽しめるのですね。そしてうんちが出てスッキリしたときの身体感覚、うんちの独特のにおいを感じる嗅覚など、ヨシくんは目が見えないぶん、ほかの感覚で「うんち」をたくさん感じとっているのです。そんなヨシくんにとって『みんな　うんち』は、言葉も題材もじつに身体に快い作品だったのではないでしょうか。

心をくすぐる言いかえゲーム

橋之口哲徳

親子で読んだ

▼「ごはんを　たべさせておいてね」と妹ローラの世話をお兄ちゃんのチャーリーに頼んで出かけてしまったパパとママ。でも、好ききらいのはげしいローラにごはんを食べさせるのは、とても大変なことでした。ある作戦をつかって、ローラがきらいなものをなんとかして食べさせようとチャーリーはがんばります。

『ぜったい　たべないからね』
ローレン・チャイルド=作
木坂涼=訳
フレーベル館、2002

「カタカナ語禁止」から「言いかえゲーム」へ

お正月のテレビ番組はどれも似たりよったりでおもしろくありません。つけたままのテレビには芸能人ゴルフ大会が映っていて、外来語＝カタカナ語禁止ゲームをやっています。「バーディー」とか「OK」というカタカナ語を発するたびに一打罰になるというルールのゲームです。このテレビを見ていた小学四年生の息子が、家族みんなでカタカナ語禁止ゲームしようと言いだしました。みかんがのっているこたつでのんびりと過ごしていた私と妻と小学二年生の娘は、すぐに賛成し、ゲームが開始されました。

テレビはラグビー中継に変わりました。これは私にとって不利な状況です。ラグビーの試合に集中していると、熱くなって我を忘れてしまうからです。いつも息子や娘にうるさいと文句を言われながらラグビーやサッカーの中継を見ている私は、カタカナ語を言わないように注意しているにもかかわらず、思わず「いまのファウルじゃん」とか「オフサイド！」とか叫んでしまいました。

しばらくすると、他人がカタカナ語を発するように、おたがいをひっかけあうようになってきました。「オーレ～オーレ～」と歌の節をハミングする娘に続いて「マツケン、サ・ン・バ～」と歌ってしまった妻がアウト。テレビのリモコンの近くに座っている息子に「ちょっと変えてくれる？」と私が話しかけると、こちらの意図どおりに「何チャンネル？」と聞きかえしてくれた息子もアウト。でも相手をひっかけようと自分がしゃべりすぎると、カタカナ語を言いかえようと意識するあまり、サッカーを「ボール蹴り」と言ってしまうようなミスをおかしてしまいます。そうなると、全員がなにも話さないというだんまり作戦です。

そんなとき、娘が「これ読んで」と息子にさしだしたのが、相田みつをの日めくりカレンダーです。息子が友だちの誕生会でプレゼントのお返しにもらってきたものです。娘が開いているページには、「トマトがトマトであるかぎりそれはほんもの　トマトをメロンに見せようとするからにせものとなる」（日めくり文庫『にんげんだもの』、角川文庫）と書いてあります。息子はそれをこんなふうに読みました。

「『まんげつぶちゅっと』が『まんげつぶちゅっと』であるかぎりそれはほんもの　『まんげつぶちゅっと』を『しましまみどり』に見せようとするからにせものとなる」。「しましまみどり」はメロンを言いかえるために息子がつくった言葉ですが、「まんげつぶちゅっと」は、息子と娘が最近お気に入りの絵本、『ぜったい　たべないからね』に登場するローラがトマトをさして言ったものです。

「それは木星からとどいた〝えだみかん〟だよ」

『ぜったい　たべないからね』は、すききらいが多い妹のローラと、どうにかしてそれを食べさせようとするお兄ちゃん・チャーリーのおはなしです。

「ごはんを　たべさせておいてね」。パパとママは簡単にそう言って出かけてしまいますが、「あたし、まめ　いやだからね。にんじんも、じゃがいももも、きのこも、スパゲティも　いやだからね。たまごもソーセージも　ダメ。カリフラワーだって　たべないからね。キャベツも、にまめも、バナナも、オレンジも、りんごだって、ごはんだって、チーズだって、さかなのフライだって、たべないからね。それから　れいの　トマト！　ぜーったい、たべないからね」と言うローラにごはんを食べさせることは、ほんとうに大変なことなのです。でも、きょうのチャーリーには秘策がありました。

ローラが「うさぎのえさ」と呼ぶにんじんを、はるばる木星から届いた〝えだみかん〟だとチャーリーはローラに説明します。「にんじん　そっくり」と言いながらも、ローラはひとくちかじってみます。まめは地球の反対側では空から降ってくるという〝あめだまみどり〟、マッシュポテトは世界一高い山のてっぺんでとれる〝くもぐちゃらん〟。魚のフライは人魚が毎日食べているという〝ころもうみ〟です。そして妹のローラが「あれがほしいの」と最後に指さしたものは、なんとローラが「ぜーったい、たべないからね」と言っていた、〝れいの　トマト〟でした。ローラはトマトを「あたしの　すきな　〝まんげつぶちゅっと〟だもの」と言いきります。

ちょっぴりのユーモアとともに

『ぜったい　たべないからね』は、おはなしだけではなく、絵やデザインも楽しめる一冊です。少し太めの黒い線で描かれたローラとチャーリーは、コラージュされた背景にほかの紙で切り貼りしてあります。ローラがにんじんをうさぎのえさと呼んでいる場面では、テーブルの上のにんじんのまえに、うさぎの写真が貼りつけてあります。

また、文字の大きさも形も色も並べ方も場面ごとに違っていて、木星から届いた〝えだみかん〟が登場する見開きには、宇宙から届く電波のように、空間に文字がぐにゃぐにゃと波うって並んでいます。ページをめくるたびに、今度はどんな仕掛けがあるのかと探してしまう、楽しい絵本です。

ものの名前を言いかえるだけで、ローラの好ききらいを克服させてしまったチャーリーのユーモアのセンスは、子どもにかかわる大人のひとりとして真似をしたいものだと思います。子どもにわかってもらいたいとき、子どもを説得したいときには、おおげさにお芝居をしたり、言葉はわるいですが、ちょっぴりウソを交じえたりしながら、ユーモアをもって接することが大切だと思うことが多いからです。

寝転がって「疲れた」「つまんない」という言葉を口ぐせのように連発する息子に、私が怒鳴ったとしても、彼が行動を起こそうという気になるわけではないのに、「寝転がっていて、おもしろいことが起こるわけがないだろう！」と直截的な言葉を発してしまう私です。チャーリーのように、息子の心をちょっとくすぐるような言葉をかけてやることができたらいいのにと思います。

さて、わが家のカタカナ語禁止ゲーム。「きょうの晩ごはんはなに？」と、息子がキッチンにいる妻に声をかけました。時間をかけて考えたあげく、妻は「じゃがいものマヨネーズあえ」と答えました。どうやら息子のきらいなポテトサラダのようです。言ってしまったあとで、顔をハッとさせ、「あ〜、マヨネ〜ズ〜」と流しのまえにくずおれた妻でした。

エレベーターでハワイにいってみませんか

橋之口哲徳

親子で読んだ

▼おばあちゃんにアイスクリームを届けるおつかいをたのまれたひでくん。いそいで乗りこんだエレベーターが、「おんなじところを　いったり　きたりで　あきちゃったんだ」と言って、いろいろな場所に寄り道をはじめてしまいます。アイスクリームが溶けるまえに、ひでくんはおばあちゃんの家に着くことができるでしょうか。

『よりみちエレベーター』
土屋富士夫＝作・絵
徳間書店
2000

「身近な密室」は別の世界に通じている？

『よりみちエレベーター』は、せまいエレベーターのなかのはずなのに、「つぎの　えきまで　いそいで　いってくれるかな」と汽車が乗りこんできたり、「しまった　うちゅうせんを　まちがえたらしい」と宇宙飛行士が迷いこんできたり、「おはかまでいってくれたまえ」と肝だめしパーティーの相談をはじめるおばけたちが乗りこんできたりします。そしてエレベーターをおりるときにはきまってみんなが、「ぼうやも　いっしょに　くるかい」と誘うのです。

それでもひでくんは、アイスクリームのはいった箱をしっかり抱えて、おばあちゃんの家に向かおうとしますが、つぎには「アローハ。ハワイまで　いってくれる」と水でいっぱいになったエレベーターにイルカが現れます。

エレベーターがハワイに到着し、青い空と輝く海にうっとりしているひでくんに、イルカが「ぼうやも　いっしょに　あそんで　いきなよ」と声をかけたところで、小学四年生の息子が言いました。

「おれだったら、ここで降りちゃうのになあ」

あの虹は登れないよ。だって急すぎる

四年生になり、生意気な口をきくようになりはじめた彼がこんなことを言うなんて、少し意外な気がしましたが、「こんなエレベーター、あるわけないじゃん」ではなく、「おれだったら、ここで降りちゃうのになあ」だったことを私はとてもうれしく思いました。

私が小さいころには、近くに高い建物は少なく、ひとりでエレベーターに乗る機会は、電車に乗ってデパートに出かけたときくらいしかありませんでした。しかし、いまの子どもたちにとって、エレベーターはあたりまえの乗り物です。私が住むマンションは七階までありますが、子どもがひとりで利用している姿もよく見かけます。エレベーターに乗りこんでみると各階のボタンがすべて押されている、といういたずらにあうこともあります。わが家の子どもたちもエレベーターを利用することが多いので、そんな身近なエレベーターにイルカが現れ、ハワイまで行ってしまうという場面で「ここで降りちゃうのになあ」という反応を息子がするとは思いませんでした。

でも、エレベーターはだれが乗ってくるかわからない密室です。扉が開いたらなにが出てくるかわからない、そんな不安や期待で、じつはちょっとドキドキしながら、子どもたちはエレベーターに乗っているのかもしれません。ましてや私の趣味で買いそろえたコミックの『ドラえもん』全四十五巻を読破した息子のことです。心のなかでは現実と空想の世界を行き来していて、エレベーターも別の世界へ通じる入り口であって、人間以外のものたちが乗りこんできたらいいなあ、とほんとうは思っているのか

もしれません。私だって、こんなエレベーターがあったら楽しいなって思いますから。

ある日の雨あがり、虹が出ました。窓の右のほうに見える少し離れたマンションのうえに、虹がかかっています。遠くまで広がる、なだらかに下っていく丘の上にたつ家々の屋根もきらきらと輝いています。虹を見つけた小学二年生の娘が言いました。「いいなあ、あのマンションの人は。虹がすぐ近くに見えて」。すると息子が答えました。「違うよ。近すぎると見えないんだよ」。ちょっと科学的に正しそうな解釈。「いいなあ、だって登れそうだもん」とまた娘。「ダメだよ。だって急すぎる」と息子。

う〜ん、少しアホな会話だけど、「よかった、こんな会話ができるようになって」とアホな親の私は思いました。

さて、『よりみちエレベーター』の裏表紙には、南国の果物にかこまれて、トロピカル・ドリンクを飲んでいるひでくんの絵が描かれています。やっぱり、ハワイに行っちゃったみたいですね。

4章◆本の磁場……友だち、このやっかいで大切なもの

そのころからです。強気な子の顔色をうかがっていた気弱な女の子たちも、「もっと、やっちゃえ！」とか「小さい魔女の言うとおり！」とか言うようになったのは。いままでグループのリーダーを気にして、メグミちゃんを遠ざけていた彼女たちが、『小さい魔女』の面白さに乗じて、メグミちゃんと意気投合しているのです。

「人気者」になびかない子のたのしみ

福家珠美

▼けいたは人気者のこまつくんがうらやましくてたまらない。こまつくんの人気のわけをさぐるため、観察や情報収集に乗りだしますが、こまつくんはあんがい平凡で、人気者としての決定的要因を見つけることがなかなかできません。が、ついにある日、彼のあまりにも意外な人気者の秘訣《ひけつ》をつかみます。

『にんきもののひけつ』
森絵都=文
武田美穂=絵
童心社、1998

五年生女子の同化競争

私にとって、高学年を担任するのが年々しんどく感じるのは、女子の人間関係のむずかしさゆえにほかなりません。ひと昔まえくらいまでは中学生の女子の関係づくりがむずかしいといわれましたが、いまはそれが十歳前後からあらわになってきた気がします。

だれもが自分に注目してほしい、先生や親よりも友だちに認められることによって、自分のアイデンティティーを確立したいと必死に仲間を求める——それは、昔から変わらない思春期の姿です。現在ではその姿が往々にして、子どもたちを魅了するマスコミ文化にみんなで同一化するというかたちで表れたり、あるいは、現実の大人社会を反映した価値観に一元的な基準を求めるなどというかたちで表現されたりします。

たとえば、私の担任した五年生のクラスでは、Gパンのウエストからおへそを見せながら、授業中、鏡をのぞきこみ、赤い髪をとかしているカッコイイ女の子の一群がいました。そんなおしゃれな子たちが、クラスのなかで一大勢力を誇っています。一方で、学習面でも運動面でも「優秀」な、絵に描いたような「学級委員長タイプ」の子たちも、前者にくらべれば少数とはいえ、みんなからは一目おかれ、無視できない勢力をもっていました。

そしてごくたまに、その両方の「魅力」を兼ね備え、どちらの勢力をも従えるほどの女王様がいたりするのです。浜崎あゆみばりのイケイケルックのうえに、効率よく予習していい点をとったり、スポーツでバッチリ見せ場をつくったりするのですから、「人気者」にならないはずはありません。

でも、そんなクラスの女王様にすらなびかない子がいました。カナコちゃんです。

「内なる時計」を大切にして楽しむカナコちゃん

カナコちゃんは、新学期の自己紹介カードに、自分から「わたしは生まれつきの天然ボケです。

よろしく」と堂々と書いてしまうような子。たしかにその「天然ボケ」ぶりは、むしろ「天然記念物もの」といっていいほどです。

なにしろ序列化された点数競争にも、遊びや運動の勝負にも、個人的な勝ち負けにはいっさい執着しません。小グループ化しつつある女の子どうしの、だれとだれがくっついたの離れたのといった話題にも、まったく関心を示さず、超然としています。自分が遊びたいときに、自分の遊びたい遊びで、そのときどき違う友だちとその時間をたっぷり楽しむことができる子です。

席替えのときなど、ほかの女の子たちは、女王様を頂点とするヒエラルキーのなかで、なんとか下剋上を果たしたい、頂点近くせまりたい一心で、席替えのくじの数字をごまかしたり、ときには気の弱い子をゆすってくじを交換したり、くじをつくった者のミスをでっちあげたりなどなど、壮絶たるなわばり争いをくり広げるのですが、カナコちゃんはみずからかやの外。

「だれとでもいいよ〜。座るところさえあれば〜」という感じです。

たいていの女の子が、だれかに誘われるのを待っていたり、とりあえずみんなと同じことや同じ格好をして安心していたり、お手洗いに行くにも友だちといっしょだったりするのとは大違いです。まわりにけっして迎合しない、だからといって、だれとも遊ぼうとしないとか、みんなから相手にされないといった孤独な存在ではありません。カナコちゃんは、自分のなかの時計を大切にして、ゆっくりとマイペースで自分の心がなにかを選びとるのを待って、納得してからそばにいる友だちとともに歩む、そんなタイプの子でした。

そのカナコちゃんが『にんきもの』シリーズを休み時間のたびに手にしていたのは、私にとって意外でした。ほかの子のように「人気者になりたい」願望がはっきりわかる子ではありません。なんでだろう、と私が不思議に思っていると――、カナコちゃんはこんなことを教えてくれました。

「『にんきもののひけつ』のけいいた、おもしろい!」

「なんでもできてカッコイイ」が人気の理由ではない?

『にんきもののひけつ』の主人公・けいいたは、人気者の秘訣《ひけつ》は勉強や運動ができるとか、容姿がいいとかいうことにあるのではないはずだと信じています。そういう点でけいいたは、ややコンプレックスを抱きつつも、とおりいっぺんの「できる」力や見栄えのいい外見を手に入れて、友だちから認められようとはさらさら思っていません。その人間ならではのユニークな特徴こそが、人気者としての決め手になるはずだと考えているのです。

だからけいいたは、学習も運動もできる、顔もスタイルもカッコイイこまつくんを観察しながら、「できる」「カッコイイ」ことに人気者の人気者たるゆえんを見いだしたりはしないのです。むしろ、掃除など仕事があんがいいいかげんだったり、とりたてて騒ぐほどのこともない彼の平凡さを見つけながら、「なあんだ、こまつくんって特別な人間じゃないんだ。やっぱり」というふうに、「なんでもできるカッコイイこまつくん」がこまつくんのごくごく一面的な見方にすぎないことにまで気づくのです。けいいたはそうした「こまつくん観察」をとおして、「できること・カッコイイことが人気者の秘訣ではない」という自分の仮説の正しさにますます確信をもちます。そして粘りづよい調査のすえ、ようやく最後に、「生まれつき小指がよく曲がる」という、たわいないけどこまつくんにしかないユニークな特徴に、人気者としての決定的な要因を見いだすのです。

そうか、けいたって、カナコちゃんに似ているのかもしれない！　と、私にはとたんに合点がいったのです。クラスのほかの友だちが、世相にのっとった一元的な尺度でこまつくんを見て、「人気者」に仕立てていったなかで、けいたはただひとり、同じ土俵にあがろうとせず、こまつくんを複眼的に見ていった子です。

そして、もしかしたらこまつくんにとってはちょっぴりはずかしい弱点だったかもしれない特徴を、こまつくんならではのユニークさだと絶賛して、こまつくんの人間的価値に惹《ひ》かれていったのです。この発想方法はカナコちゃんとそっくりではないでしょうか。他人のつくった尺度など関係なく、自分の目でものを見、友だちを見、自己のアイデンティティーを確立していこうとする、その志向性は、カナコちゃんとけいたに共通しているのではないでしょうか。

『にんきもの』シリーズは、全部で四冊。『にんきもののひけつ』『にんきもののねがい』は男の子が主人公、『にんきものをめざせ』『にんきもののはつこい』は女の子が主人公、いずれも小学校四年生で同じクラスの子どもたちが、主役に脇役に役割交替しながら登場します。役割が交替するたびに、一人ひとりが抱く意外な内面世界をコミカルに描いていきます。武田美穂さんの絵がまた子ども心をひきつけます。小学校低学年以上なら、年齢も読書力も性別も問わず、楽しめる本です。

女子グループのパワーゲームを解きほぐす魔法

福家珠美

▼小さい魔女は百二十七歳ですが、魔女の世界ではまだまだ若くてチビ扱い。お祭りの踊りの輪にも入れてもらえません。お祭りが大好きな小さい魔女は、こっそり踊りの輪にまぎれこんだところを、いじわるな嵐の魔女に見つかってしまい、痛い目にあいます。その日から小さい魔女の、大きい魔女たちへの反撃がはじまります。

『小さい魔女』
オトフリート・プロイスラー＝作
大塚勇三＝訳
学習研究社、1965

正義感が孤立の原因に

五年生のメグミちゃんは、一年まえに転校してきて以来、なかなか女の子の友だちができませんでした。四年生で転入してきたとき、すでにクラスの女子はいくつかの小グループに分かれていて、たがいに牽制しあっていたようす。発言力のある数人の子がそれぞれのグループを仕切っていて、多くの子はリーダーの顔色をうかがいながら行動していました。

そんななかに、とつぜん現れたメグミちゃんは、強いものの言いなりにならない、正義感の強い子。どのグループにもなびかない態度が、強気な女の子たちの反感を買い、遠足のときも給食のときも、どのグループにも入れてもらえませんでした。毎日、先生相手に話したり、ひとりで本を読んだり――。泣き言ひとつもらさない彼女に、女子の目はますます冷たくきびしくなるばかりでした。

そんな一年間を過ごしたメグミちゃんを、私は前担任から引き継ぐこととなりました。クラスには、四年生のときのボス的存在の女の子もいます。始業式のまえから私の気は重くなるいっぽうでした。案の定、ふたを開けてみたら、係決め、班決め、掃除の分担と、ことあるごとに女子がもめています。「○○ちゃんとはまえもいっしょだったからいや」「××ちゃんとならその係やってもいいけど、いっしょじゃないならやりたくない」などなど。口ゲンカになれば双方の言いぶんがくいちがっていて、堂々巡りです。私も「いいかげんにしなさい！」と怒鳴りたくなる気持ちを抑えるのに必死でした。

そんなスタートを切った一学期でしたが、女子の人間関係に腐心しながらも、どうやら彼女たちの動きが微妙に変化しつつある気配を感じたのは、六月くらいのことでした。あれだけグループ内に固執していた彼女たちが、固定したグループの人間関係を越えて、気楽にほかのグループの子とじゃれるようになったのです。彼女たちを隔てていた壁が崩れはじめ、どうやらそれは『小さい魔女』のしわざのようでした。

「じつは先生は、百二十九歳の魔女です」

『小さい魔女』は、半世紀近くも子どもたちに読み継がれている名作です。私自身、小学校四年生のときに夢中になった作品です。教師になってからは、毎朝、継続して読み語ったり、算数で「小さい魔女の魔法のわりざん」プリントをつくったり、私の受けもった学級ではたいてい活躍しています。しかも、私は三十代になってからというもの、子どもには「百二十九歳の魔女です」と自己紹介することにしていますので、自分を語るにはなくてはならない本なのです。そして教室にはまことしやかに、ほうきやマント、帽子やろうそく、色とりどりのスカーフやつえも置いておきます。これらの小道具を適宜、呪文を唱えるふりをして使ってみると、けっこう信憑性が高まります。さらには、「先生のこと、よく知ってもらわなくちゃ」と言いながら、学級文庫にも数かずの魔女の本をそろえておくのです。

言うまでもなく、その学級でも私は、魔女として魔女の家に伝わる英雄伝を語ろうと、毎朝『小さい魔女』の読み語りをはじめました。私は長編を読み語る場合、かならずその日読むページぶんを、一枚のプリントにして子どもたちに配ります。すると、子どもたちはそのプリントを後生大事にとっておいて、全部読みおわったときに画用紙で表紙をつくって綴じ、うれしそうに持ち帰ります。プリントがあれば、自分であとから何回でも読み直せるし、休んでしまっても、「聞きのがした！」という悔しい思いをしないですむと、子どもたちは言います。この、朝の『小さい魔女』はとくに女の子たちに歓迎されました。とりわけ、読みおわった瞬間に「あ〜、早くあしたのぶんが読みたいよー」と叫ぶのは、メグミちゃんでした。

小さい魔女は、一羽のカラスとだけいっしょに住んでいる、まだ年若い下っぱ魔女です。大きい魔女の仲間にはいりたくて、大きい魔女たちの祭りにこっそりまぎれこみますが、見つかって、たいへんな痛い目にあいます。悔しくてたまらない小さい魔女は、一年後のお祭りの日までに立派な魔女になって、大きい魔女たちに仕返しをしようと心に誓うのです。

それからというもの、小さい魔女は、へまをしながらも、困っている人を魔法でつぎつぎ助けて、一年後に正々堂々、大きい魔女たちと渡りあいます。〝いいことばかりする魔女は、魔女の世界では悪い魔女なのだ〟と言い放つ魔女のお頭を筆頭に、大きい魔女たちをあらいざらいやっつけてしまうフィナーレは、クラスじゅうが「やったー」「ざまあみろ!」の嵐です。

クラスじゅうにいた「小さい魔女」たち

この作品を読んでいるあいだじゅう、女の子たちは、小さい魔女になりきって聞いていました。とくに、メグミちゃんは、正しいことを言ったりやったりしているのに、仲間はずれにされている小さい魔女と、自分を重ねあわせていたようです。本気で「むかつく!」「ぜったい仕返ししてやる」と怒ったり、「よーし、うまくいった」とほくそえんだりしていました。

そのころからです。強気な子にひっぱられていた気弱な女の子たちも、メグミちゃんにつられて

「もっと、やっちゃえ！」とか「小さい魔女の言うとおり！」とか言うようになったのは。いままで、グループのリーダーを気にして、メグミちゃんを遠ざけていた彼女たちが、『小さい魔女』の面白さに乗じて、メグミちゃんと意気投合しているのです。メグミちゃんは、はじめて友だちが自分に共感してくれて、すごーくうれしかったのでしょう。「先生、続き、もっと読んで、読んで」と言うと、「ねーっ！」と、いっしょに声援を送ってくれた友だちのほうをふり向いて、何度も同意を求めていました。

気の強い子にひきずられてばかりだった子たちも、本心は小さい魔女と同じだったのかもしれません。ほんとうは大きい魔女たちを気持ちよくやっつけたかったのかもしれません。彼女たちも、言いたくても言えない、したくてもできないことを潔くやってのけてくれる小さい魔女に、本音をひきだしてもらったのでしょう。そんなこんなで、メグミちゃんと多数の女の子たちは、『小さい魔女』をとおして、しだいに距離を縮めていったのです。

いつしか、教室のうしろのゴザ敷きの「図書室」には、メグミちゃんが友だちと肩寄せあって魔女の本に見入る姿が見られるようになりました。ありとあらゆる魔女の本をかたっぱしから手に取っては、「見て見て、これ」と友だちを誘って、ゴザの上で寝転びながら、いっしょに笑いころげています。「先生、私、四年生のときは仲よくなかった子とも、最近は仲よくなったよ」と、一学期の終わりに、メグミちゃんがうれしそうに話してくれました。小さい魔女の魔法は、ほんとうに、困っている子を助けてくれるんですね。

教室にぞくぞく増殖する暗黒色の表紙

徐 奈美

▼ダレン・シャンが友だちと見にいった奇怪なサーカスは、オオカミ人間や歯女など不思議な演目が並ぶ、すごいものだった。でもなにより驚いたことは、友だちがバンパイアに弟子入り志願しているのを見てしまったことだ。このことが、やがて自分の人生を大きく変えることになるとは、ダレン・シャンは思ってもいなかった。

『ダレン・シャン』シリーズ全8巻
ダレン・シャン=作
橋本恵=訳
小学館、2001〜2005

「苦手な人は読まないほうがいいですよ」

『ダレン・シャン』第一巻が発売されて間もなく、担任しているクラスの五年生の子どもたちに、図書室の新着図書としてこの本を紹介しました。この『ダレン・シャン』は、題名と作者名が同じ。「はじめに」の部分に、わけあってのペンネームなのだと書いています。そのあたりの本づくりもうまく気をひきます。

子どもに本の紹介をするときに、冒頭部分のある一ページを見せながら話しました。「シルク・ド・フリーク」という奇怪なサーカスの呼びこみチラシが載ったページです。

「一週間の限定公演　シルク・ド・フリーク!!／演目はよじれ双子シープとシーサ！／蛇少年スネークボーイ！／狼少年ウルフマン……ただし、おくびょうなお客さまはお断り！　入場につき、一部条件あり！」

ここで書かれている条件とは、このチラシを手に入れた人だけが見ることができるということです。シルクというのは、フランス語でサーカスの意味、フリークは異形のこと、つまりシルク・ド・フリークとは異形の見せ物を意味します。主人公の少年、ダレン・シャンは、そのシルク・ド・フリークのチラシが授業中にまわってきたので、出演者の説明を読むのに夢中になってしまいました。そこを先生に見つかってしまったのです。先生は、友だちの「異形の人たちってどういう人ですか？」という質問に、「見た目がふつうとちがう人たちのことだ。手が三本あったり、鼻がふたつあったり、〈中略〉そういう人たちを詐欺師は見せものにして、フリークと呼んだ。〈中略〉フリークショーは残酷で、ぞっとする見せものだね」と答えます。さらに先生は、子どもたちに「この中に（シルク・ド・フリークに）行きたいなんて、思う者はまさかいないだろうな」と声をかけます。

こう言われたら、かえって好奇心がわいてしまうのは想像どおりで、ダレン・シャンは親にもないしょで、夜中にこっそり、友だちとふたりでサーカスを見に出かけていったのです。そこで、とんでもないことに巻きこまれることになるとは知らずに。

と、ここまで紹介したあとに、少し間をあけて、「ただし、この本には少し気味の悪いところもあるので、そういう本が苦手な人は読まないほうがいいですよ。また、面白がって、いやがる人にわざわざ見せないこと」。こんな調子で本の紹介を進めると、子どもたちの「早く本を読んでみたい」という視線がこちらに集まるのがわかります。さっそく「新しい本は借りられますか？」と質問が出ます。毎月、図書の時間で説明しているとおり、「新刊なので、今週中は借りられません。図書室のなかで見てね」の返答となります。そこで本の紹介が終わるやいなや、予約の申し込み殺到。すぐに来週、借りられることになった子どもたちはいいのですが、本の数は一冊なので、ほとんどの子どもは何週間も待たなくてはなりません。そう思っていると、ちらほらと家で買ってもらったりする子どもたちが増えてきました。

そのなかでも、とくに早かったのがケイイチです。クラスのなかでリーダーシップをとる彼は、声が大きく、頭の回転も速くて、運動神経バツグン。でも、ときに強引で、それが叱られる原因ともなっている男の子です。声が大きすぎるからと注意しても、「だって、ぼくはもともと大きい声なんだもん！」と言いきってしまうのです。

集中して読む姿にひきつけられて

学校では毎朝、十分間読書の時間がありますが、そのときにケイイチが『ダレン・シャン』を読んでいました。そのあとの朝のホームルームがはじまっても、本から目を離すことができない集中ぶり。「本を閉じましょう」というはじめの声かけも、彼に向けて「『ダレン・シャン』、閉じるよ」と書名をさして言うようになりました。すると、「だって、面白いんだもん！」と返ってきます。そこで「結末を教えちゃうからね」と言うと、やっと本を閉じるといったやりとりが何日か続きました。

もともと、彼はよく本を読むほうでしたが、この本にはとくに集中していました、どんなに朝休みの時間に思いっきり遊んできても、すぐに切り替えて、朝の読書時間に集中できるのです。ほかの子どもたちが朝遊びの余韻をひきずっているなかでも、ケイイチの『ダレン・シャン』を楽しむ姿は変わりませんでした。

「早く続き、出ないかな」「ここで一巻目が終わるなんて……。続きが早く読みたいよね」と話すケイイチと私のやりとりは、まわりの子どもたちにも『ダレン・シャン』を読んでみたいと感じさせたようです。クラスのなかで、『ダレン・シャン』を読みはじめる子が増えだしたのです。その子たちも、物語を楽しみはじめました。第一巻が佳境で終わるということもあり、読みおえた子は口ぐちに「二巻はいつ出るの？」と言いあい、そのうちに「○月×日、発売だって。本屋さんに書いてあった！」という情報がはいり、なかには「本屋さんに予約したよ！」という子どもも出てきました。

その後、すぐに第二巻が出ました。新刊の発売は、予告より早まったり、発売日前日の夕方に入荷されたりすることがあります。ケイイチはいち早く第二巻を入手しました。発売日に買えば一番で読めると思っていた子どもたちは、ちょっと悔しそうでした。そのときには『ダレン・シャン』の面白さはクラスに浸透しており、みんなでケイイチのまわりをとりかこんでいました。発売日を過ぎると、第二巻を手に入れた子も多くなり、「ハリーポッターよりぜんぜん面白いよね」という声や「一巻より二巻のほうが面白かった！」という感想が聞こえはじめました。

教室に増殖する呪術書めいた表紙

クリスマス近くに第三巻が発売されました。このときは、ダイスケが一番に持っていました。今回も発売日予告より早い日にちだったのです。朝の読書の時間では、「えー、もう持ってるの？」「読ませてぇ」「いいなあ、どこで買ったの？」とうらやましがる叫び声があがっていました。

発売日を過ぎると、クラスで五人を超える子が持つようになり、それが、順々にまわっているようす。そのころは、机のなかに、多くの子どもが『ダレン・シャン』を入れている状態で、呪術書めいた暗い色の本が日に日に教室じゅうに増えていくさまは、ちょっとブキミなほどでした。なかには発売されていた三巻すべてを、せまいロッカーに入れているタクヤのような子もいました。

だれかが「『ダレン・シャン』△巻、持っている人、いる？」と聞くと、どこかから「あるよ、貸そうか」という返事が聞こえてきます。また、「ロッカーの上に置いてある『ダレン・シャン』はだれの？」と聞くと、「ぼくのは表紙の左下がめくれてるのだから、違います」などという声が返り、一人ひとりがこの本に愛着を持っているようすです。

あるとき、私もケイイチに「ちょっと見せて」と思わず声をかけていました。すると、「え、いいよ。貸してあげる」という答え。続けて「じゃあねえ、冬休み中、貸してあげる」と言われ、大喜びした私でした。声の大きい男の子と教師の会話です。その場にいた子どもたちの耳には届いていたことでしょう。面白い本に、宣伝力のある男の子がファンとなれば、鬼に金棒です。『ダレン・シャン』はクラスでほぼ半数以上の子どもたちが読み、書名については全員が知っているものとなりました。

ケイイチはいま、『くまのパディントン』（マイケル・ボンド＝作、福音館書店）を読んでいます。テストが早く終わったあとなど、「本、読みたいなあ」と、まわりに聞こえるようなひとり言をいいますが、なかなかセンスある選書だなとうれしくなってしまいます。

「だれとでも仲よく」なんて無責任

徐　奈美

▼ブッチーはいじわるだから、いっしょに遊びたくなんかありません。でも、ママは「いろんなひととおともだちに　ならなきゃだめよ」って言います。そんなとき、ブッチーのママとパパが出かけるあいだ、ブッチーが「あたし」のうちに泊まることになったのです。さあ、なんとかしてブッチーをやっつける作戦をたてなくっちゃ！

『いじわるブッチー』
バーバラ・ボットナー＝文
ペギー・ラスマン＝絵、東春見＝訳
徳間書店、1994

他人事とは思えない、「あたし」の悩み

図書室にいたら、三年生の女の子がそばによってきて、私にこう言いました。「なんだか、この本、つい読んじゃうんだよね。面白いね」。そう言いながらも、すぐにからだをひるがえして本へと戻っていきました。本を開いているのは友だちの女の子。その子は、顔もあげずに本の世界には

いっているようです。ふたりはカーペット敷きの床に座りこんで、ページをめくっています。ふたりがこの絵本を手にとるのは、これで何度めになるだろうと思うほど、よく見ています。

この絵本の題名にある「ブッチー」は、女の子の名前。ブッチーのママと「あたし」のママは、とても仲よし。ブッチー親子が家に遊びにくると、ママは「いっしょに　おへやで　あそんでいらっしゃい」って言います。ブッチーは、ママたちがいるところでは、「はあーい」と、とてもいいお返事をします。でも、子ども部屋でふたりきりになったとたん、ブッチーは恐竜ブッチーザウルスになって、とってもいじわるになるのです。

大人のまえではとてもいい子で、子どもどうしになるといばりんぼうでいじわるになるブッチー。ママに言っても、「いろんなひとと　おともだちに　ならなきゃだめよ」と言われるばかり。そのうえ、今度はブッチーがうちに泊まりにくることになったのです。こうなったら、自分で作戦をたてるほかありません。「あたし」は、新しい遊びを考えました。これならブッチーをやっつけられると信じて……。

これは、さきほどの女の子ふたりが二年生のときに、クラス全体に読み聞かせをした本です。そのとき私は、とてもたくさんの子どもが、この主人公の「あたし」と同じような思いをしたことがあるように感じました。それは、このおはなしを聞くときの子どもたちの真剣さから伝わってきたことです。お母さんに、お部屋で遊んでいらっしゃいと声をかけられ、ブッチーと「あたし」だけで子ども部屋にはいったとたんに、ブッチーはとってもいじわるになります。そのブッチーを見る子どもたちの目つきは、悪者を見つけたかのように強いのです。

ブッチーへの怒りと大人への失望

大人が読めば笑ってしまうような、ブッチーの大人に対するいい子ちゃんぶりも、子どもにとっては笑えることではありません。主人公の「あたし」がいくらお母さんにブッチーのいじわるなことを話しても、軽く受けながされてしまうあたりは、子どもたちも身に覚えがあるのでしょう、子どもたちの思いは、ブッチーへの怒りから、母親の無理解に対する失望へと変わっていきます。

その姿を見ていると、安易に大人が「だれとでも仲よく」と言ってしまうことが、子どもにとってどんなに無責任な言葉なのかを思いしらされます。この絵本のなかで、ママが娘に言う言葉は、けっして特別な言葉ではありません。「だれとでも、なかよくするのよ」「その　あそびは　やめてくれないって　いってみたら?」など。

それでも、おはなしの結末は、主人公の「あたし」が自分のアイデアでいじわるブッチーをぎゃふんといわせてしまうのです。だからこそ、子どもたちは、終わりまで読んで、せいせいした顔を見せてくれるのでしょう。

主人公が、夢のなかでブッチーをやっつけるのを楽しんだり、あるいは夢のなかでまでもブッチーにいじめられたりするようすは、友だちとの関係が子どもにとって、どんなに大きな比重を占めるかをあらためて教えてくれます。

「好き、ときどききらい」のココロ

橋之口哲徳

▼「ぼく」には二歳の弟がいる。「ぼく」が弟と同じことをすると、母さんと父さんは「ぼく」のことを笑ったり、怒ったりする。弟がしたときには、なにも言わないのに。だから、「ぼくは　おとうとのこと　きらいで　すき。／おとうとは　ぼくのこと／だいすきみたいだけれど」。

『すき　ときどき　きらい』
東君平=文
和歌山静子=絵
童心社、1986

本と重なる、妹との関係

ひらがなとカタカナと少しの漢字を読めるようになった小学一年生の息子は、二つ下の妹に、『ノンタン　いもうと　いいな』（キヨノサチコ=作・絵、偕成社）を読んでやることがあります。『ノンタン』シリーズではじめて、妹のタータンが登場するおはなしです。友だちとの遊びに夢中になって「いっしょに　あそんで　やんない！」と、妹に冷たくしてしまうノンタンですが、いざ妹の姿が見えなくなると「あ〜、タータンが　いない！」とあせって探しまわります。息子はこのセリフのあとにこうつけ加えます。「まあ、いいや、ほうっておこう！」って。自分と妹との関係をノンタンのおはなしに重ねているわけです。

そんな息子の気持ちをみごとに表した本があります。『すき　ときどき　きらい』です。

登場人物は、主人公の「ぼく」と、二歳になる弟と、父さん、母さんの四人。子どもに対するふだんの自分の姿とだぶらせて、読みながら私は複雑な気持ちになります。おはなしのなかでの「ぼく」と弟との関係は、わが家のお兄ちゃんと妹との関係にとてもよく似ていて、ふたりのお兄ちゃんの気持ちはピタリと重なります。

たとえば、「ぼく」が弟のまねをして赤ちゃん言葉を使うと「なによ　おにいちゃんなのに」って笑われるし、弟は手でごはんを食べても怒られないのに、「ぼく」がこぼすと母さんは怒るし、父さんは「おはしは　もっと　ながくもって」って怒る。一方で、弟が母さんに叱られているとかわいそうになって「ぼくの　おとうとだから　おこらないで　ほしいと　おもう」。わが家も、まったくおんなじです。

「好き」だから「きらい」と思うことができる

この本の最後で、「ぼく」と弟と父さんはいっしょに散歩に出かけます。「おとうとは　すきか」

と父さんに聞かれた「ぼく」は、こう答えます。

「えーと　すきなときもあるし　きらいなときもある」

『すき　ときどき　きらい』という、なんとも複雑な感情が子どもの心のなかにうずまいているわけです。そんな「ぼく」に、父さんは子どもの頭をゴシゴシとこすりながら、「とうさんは　みんな　だいすきだぞ」って言うんですね。大きくなったら子どもの記憶からは消えてしまう、なんでもないことですが、子どもと父親の心がふれあった一瞬として、その感覚だけはずっと心に残るんじゃないかと思わせる出来事です。

しかし、このお父さんだって、いつどんなときでも、みんな大好きだぞ、と言えるとはかぎらないと思うのです。主人公の「ぼく」が弟のことを好きになったりきらいになったりするのと同じように、親だって子どものことを、好きになったりきらいになったりするのではないでしょうか。

私にとって息子は、いとおしく、なにものにも代えることができない存在です。それでも、私が機嫌が悪いときや息子を叱っているときには、大好きだぞ、という感情がどこかに飛んでいってしまっていることがあります。そんなときは、しばらくしてからとても後悔します。感情的になってしまって息子にかわいそうなことをした、もっとやさしく言いきかせればよかった、などと。

だから、私はこんなふうに考えています。感情のベースにあるのは好きという感情で、ときどき、きらいという感情がひょっこりと顔をだしてしまう。好きだからきらいと思うことができるのだと。

でも私の息子は、この本のタイトルを「きらい　ときどき　すき」と読んでいますけどね。

エミちゃんのくれた「クッキー騒動」

長谷部香苗

▼クマくんは、おばあちゃんの誕生日に手づくりのクッキーをプレゼントすることにしました。ネコちゃん、ウサギくん、キツネちゃん、ブタくんにリスくんも手伝って、「おめでとう」の文字になるように、ひとり一個ずつつくりました。できあがったら、みんなでおばあちゃんに届けにいきます。

『クマくんのおめでとうクッキー』
柳生まち子＝作
福音館書店
1998

「いいのいいの」と突然のプレゼント

「これ、あげるよ」。三学期がはじまってすぐのことです。三年生のエミちゃんが図書室の貸出カウンターのところへ来て、手にした紙袋からごそごそと、なにやらとり出しました。ビニール袋に包まれた大きめのクッキーが、二つ、三つ、まだ出てきます。「えっ、いいの?」「いいんだよ、あげるの」。ええーっ、こんなに？　それに一つひとつ形が違います。「エミちゃんがつくったの？　ひとつでいいよ」「あげるから、いま、食べてね」「……ありがとう」

最後に絵本を出して「これ返すから」。冬休みまえからエミちゃんが借りていた『クマくんのおめでとうクッキー』です。「これ、おめでとうクッキーじゃない。絵本みてつくったの？」「うん」。いつもよりも言葉少なのエミちゃん。「ねえ、ほんとにいいの？　クラスに持ってきたんじゃないの？」「いいのいいの。じゃ」と空の紙袋を投げだし、あっさりと退場。

そういうわけで、狭いカウンターの上に残されたクッキー、六個。四時間目の授業がはじまっている時間でしたが、思わぬ展開で、受けとってしまいました。見れば割れているものがほとんどで、なかにはビニールを貼ったセロハンテープがはがれて袋が開いているものもあって、あきらかにだれかがかじった気配の、これは「お」かな。六個をきちんと並べてみると「お」「め」「で」「と」「う」「♡」。八センチ角くらいの厚紙が下敷きになっています。きっと、お母さんが割れないようにと、袋に一つひとつ入れてくれたのでしょう。

この『クマくんのおめでとうクッキー』は題名だけでもくいしんぼをひきつけますが、おはなしのなかにクッキーづくりの工程が描かれていて、自分もつくってみたいという気にさせます。おたがいアイデアを出しながらつくるようすも楽しそうだし、クマくんをはじめ登場する動物たちもおしゃれで、クマくんの家の台所もなかなかすてきです。細かいところを見るのが好きな私は、リスくんの座っている標識に「としょかん」と描かれているだけでもうれしくなってしまいます。つくり手の当てっこも楽しいし、なにより焼きあがったクッキーがおいしそう。

おばあちゃんは、どの字をだれがつくったか当ててくれます。「お」の字の右上の点に押されたネコちゃんのてのひらの肉球模様や、「め」の字の二本角についたウサギくんの耳の形など、一人ひとりが工夫したのにちゃんと気がついてくれるのです。「お・め・で・と・う」の五文字のほかに、ハートの形のクッキー。これはクマくんがつくったもの。エミちゃんはこの絵本のクッキーをつくってきたのでした。

うれしさに舞いあがるも、一転……

この絵本を借りて、「うちでクッキーつくったんだ」と教えてくれる子はいても、実物を持ってきて見せてくれた子は、いままでいませんでした。このときの、司書である私の気持ちを想像していただきたいと思います。図書室で借りた絵本のなかに登場するお菓子を子どもがつくってきて、それが目のまえにあるのです。「本物のおめでとうクッキーだ！」。そして「エミちゃんが私にこのクッキーをくれた！」。この仕事をしていてよかったなあと、しみじみと思う瞬間でした。

やりかけの作業はあとまわしにして、クッキーの修復にとりかかります。これも大事な仕事！ひとつずつ包みなおすことにしました。割れているものをパズルのように組みあわせます。ただふたつに割れているだけのものはいいとして、この「お」はパーツが足りないなあ。おいしそうだけどもったいなくてとても食べられない、ニスでも塗れば保存できるかしらなどと、ひとりでもりあがってしまいました。甘い香りに包まれながら、うれしさで涙がにじんできます。仕事がうまく進まなくてちょっとしたことで落ちこんだりもするけれど、こういう思いがけないことで、子どもたちから元気づけられるものなのです。あっという間に時間が経ち、時計を見ると、もうお弁当の時間。いちおう報告しておこうと、すぐ隣の三年A組をのぞいて、担任の先生に声をかけました。

「これ、エミちゃんにもらったんですけど、聞いてますか」

「あ、それ、朝発表したの。あとで班ごとに分けて食べるんだけど」

「えぇーっ!」「……ちょっと待ってください。写真撮らせてください」

クッキーと絵本を持って、だれか撮ってくれる人いるかしらとあわてて職員室へ向かいました。そうか、班で食べるのか、だから六個なのか。私のためにつくってくれたんじゃなかったのね。今度はさきほどの自分勝手な思いこみに情けなくなり、泣きそうです。

クールな担任から明かされた事情

自慢しながら職員室で披露するはずだったのが、笑い話になってしまいました。それでも職員室にいた先生にデジカメできれいに撮ってもらい、せっかくエミちゃんが見せにきてくれたんだし、いい記念になったと満足して、ふたたび三年A組へ。絵本とクッキーのこのつながりに感激している私にくらべて冷静な担任の先生に、「食べちゃうんですかー」と未練がましく手渡すと、先生はエミちゃんの行動の理由を察したらしく、「いやあ、荒れてたね。きょうの班長選挙でね……」。

聞けば、エミちゃんは班長に立候補したものの、賛成に手を挙げたのはたった二人。しかもそのうち一人は本人。エミちゃんの落胆も想像できます。過去、班長に選ばれても最後まで務めきれずに「辞任」したことのあるエミちゃん。今度こそはというやる気もからまわり、みんなへのプレゼントのクッキーをとにかく処分したいという気持ちになったのでは、と気がつきました。班長選挙は予定されていたのではないそうですから、もちろん票集めのためにクッキーをつくってきたのではありません。

そういえば、秋ごろにもこの絵本を借りて、気に入ったようすでした。冬休みまえにふたたび、「あのクッキーの本ある?」と図書室に探しにきて借りていったことと考えあわせれば、新年のおめでとうのつもりでつくったのだろうと思います。冬休みに親子で、どんな会話をしながらつくったのでしょうか、きょうをどんなに楽しみにしていたのでしょうか。エミちゃんにしても、こんなことになろうとは思ってもいなかったはずです。事情を知れば知るほど、記念写真に満足していたひとりよがりな、しかもたび重なる勘違いが恥ずかしくなってきました。

言われてみれば、エミちゃんの行動はいつもと違っていました。いままでも算数など苦手なことがあると、教室を抜けだして保健室や図書室に逃げこんでくることがありました。授業中は教室に戻るように注意していたので、今回もそうすべきところを、クッキーにまどわされ浮かれてしまったために、エミちゃんのようすに気づかなかったのでした。いつもはぐずぐず長居をして私の言うことをきいてくれないのに、手際よくクッキーを手渡してさっさと教室へ帰ったではありませんか。その後のクッキーの行方は知りません。なにごともなかったかのように、班ごとに一文字ずつのクッキーを食べたのでしょうか。

それにしても、と思いました。班長選挙が重ならなければ、私がこのおめでとうクッキーを目にすることはなかっただろうし、エミちゃんの複雑な気持ちを知ることもなかったのだろうな。エミちゃんのクッキーはどんな味がしたのかな。ひとりの女の子と一冊の絵本にふりまわされた幸福な一日だった、といまでもこの絵本を見るたびに思い出します。

大人は避けそうな見た目がミソ

徐　奈美

▼デルトラ王国は、荒れはてていました。この国を守っていた七つの宝石を奪われ、「影の大王」に占領されてしまったからです。そこで、少年リーフとバルダが宝石探しの旅に出ました。しかし、七つの宝石は、国じゅうに散らばって隠され、そこにいたる道にはさまざまなわながしかけてられていたのです。

『デルトラ・クエスト』シリーズ全８巻
エミリー・ロッダ＝作
岡田好恵＝訳、はけたれいこ＝絵
岩崎書店、2002～2003

「え、先生もこれ読んでるの？」

この本の一面金ピカのけばけばしい表紙を見たときには、「なんだ、この本?!」と思いました。ゲームの攻略本のようにも見えます。正直、あんまり読みたくないなあ、子どもたちにもすすめたくないな、と思ったものです。ところが、というか思ったとおりというか、大人の思いとは反対に、四年生の子どもたちのあいだではあっという間に広まっていきました。

作者はエミリー・ロッダ。『ローワンと魔法の地図』は、青少年読書感想文全国コンクールの課題図書になったことがあり、私も面白く読みました。表紙の印象が変わるだけで、読み手の私のとらえ方が大きく変わることにあらためて気づかされたという思いです。

そこで、この本を読んでいた子どもから借りて、毎朝の黙読の時間に私も読みすすめていきました。数か月おきに二冊ずつの刊行というペースは、子どものペースにとてもあっていたようです。まだ私が二巻を読んでいるときに、三、四巻が刊行され、そのときに、「先生、まだ二巻なのお?」と言った男の子の顔は、なんとも自慢げでした。

クラスのなかでも遊びの中心になっていたオオトモくんも、この本に夢中でした。彼はときに自分だけでルールをつくってしまったり、教師の見えないところで、持ち前の言葉や力の強さを出してしまったりするところがありました。教師のまえではよい子で、妥協を見せないがんばり屋です。そのがんばりの反動が友だちのまえでは、ときに自分勝手な行動をさせてしまうのかとも思っていましたが、そのがんばりは家庭でも同じようで、彼の息がぬけるところはどこかと案じていました。その彼が夢中になってこの本を読んでいたのです。私に対して一歩も二歩も距離をもっていた彼ですが、私が『デルトラ・クエスト』を読んでいることを知ったときには、「え、先生もこれ読んでいるの?」と声のなかにうれしさの響きがまじっているのを感じたのです。この一冊で私は、オオトモくんに少し近づけたように思いました。

自分が先に読んでいた本を大人があとから読みはじめるということは、子どもにとってうれしいことのようです。大人は子どもの本をかんたんに評価しがちなところがありますが、それがどんなに危険なことかという話を以前に聞いたことを思い出しました。子どもが読んで楽しんだ本を大人が勝手に、「そんなつまらない本」とか「読むに値しない本」とか「せっかく読むなら……」と言うことは、その本を読んでいた子どもそのものを否定してしまうことになってしまいかねません。「おすすめの本」を紹介しても、表紙だけ見て手に取らない子たちに、「読んでみたら面白いのに……」と何度も感じていた私と同じ思いを、子どもだって抱いていたのではないでしょうか。

この本は表紙こそインパクトが強いものの、本文はほとんど文章のみで構成されています。いくつかある挿し絵も想像をじゃまするようなものではなく、大人の私が読んでも活字の物語として楽しむのに違和感はありません。とはいえ、それも大人の意見にすぎず、子どもたちは、巻頭の地図を見て、頭のなかにすっかり想像の世界をつくりあげているのかもしれません。子どもにとっては、予想どおり楽しい本であり、私にとっては子どもに気づかされた楽しい本でした。

四年生の子どもたちは、自分の手の大きさになじむソフトカバーの本に、ちょっと早い大人の雰囲気を感じているようでした。一方で六年生の子どもからは、「最後のところで、あとひとひねりほしかったなあ」という感想も。本の中味に対してこんなふうに言える、外も中も大人へと成長している年齢の子どもたちなんですね。

「伝えられないもどかしさ」への共感

徐 奈美

▼主人公の「少年」は、父親の仕事の都合で、転校をくり返します。転校するたびに自己紹介があるのに、「少年」には吃音があり、「き」ではじまる自分の名前をうまく言えません。「少年」が小学校一年から高校三年までに出会った人びとへの、言葉に出せなかった思いが、胸の奥にふりつもっていきます。作者が同じ吃音をもつ男の子に向けて綴った、自伝的小説です。

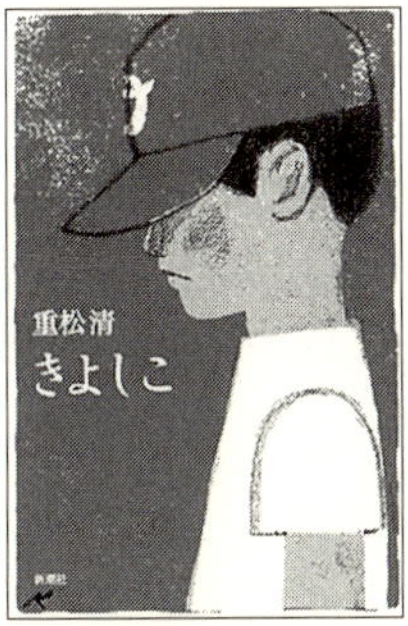

『きよしこ』
重松清＝著
新潮社
2002

「先生、『きよしこ』読んだ？」

二学期がはじまって最初の六年生の図書の授業で、「夏休みに読んだ本のなかで、印象に残った本を教えて」と一冊ずつ紹介してもらいました。その日の朝から、「きょうの授業で、夏休みに読んだ本の感想、書くの？」と数人の女子が聞きにきていました。もちろん、それは期待している声ではなく、「感想文はやだなあ」といったトーンの声。感想文を書いてもらおうなどと少しも考えてなかった私でしたが、夏休みのあとには感想文を書かされるという思いをいつのまにか抱かせてしまったようで、申しわけなくなりました。でも、イヤだと思いつつも、どこかで覚悟はしてきているのだろうなとも思い、印象に残った本の紹介を口頭でしてもらうことにしたのです。

朝、聞きにきた子のなかにいたトモコは本が大好きで、本の紹介など少しも恐れることではないらしく、あせっている子の横から、「先生、『きよしこ』読んだ？　おもしろかったよ」と話しかけてきました。私はその本を知らなかったので、「作者は？」とたずねると「重松清」という答えがすぐに返ってきました。六年生の教科書に同じ著者の『カレーライス』が掲載されていることもあるのでしょうが、作者名をすぐに返してくれたことに、本好きの一面がかいまみえます。

トモコは、五年生のとき、学校に行くのをしぶった時期がありましたが、六年生になってからは少しそれをのりこえたようでした。週一回の図書の授業とわずかな休み時間のみで接する私からは、見えない部分が大きいのですが、それでも彼女の律儀さや正義感の強さは、ときとして自分をつらくしてしまっているのではないかと感じていました。図書委員をしていたときには、自分が貸出カウンター担当の係の日以外にも、さぼったりお休みしたりしている人がいると、自分から代行していました。六年生の教室は三階、図書室は二階なのに、わざわざ見にきてくれるのです。また、友だちとの関係を見ても、頼りすぎたり、つきはなしすぎたりと、バランスをとるのに苦労しているようでした。

高学年の女子にはよくみられる傾向ですが、友だちとの距離感が極端な振れ方をしてしまいます。たとえば、親友と決めた友だちにはつねにいっしょに行動することを求め、少し離れたらそれを裏切りと感じてしまうように。トモコは、自分が友だちのことを思い、考え、行動しているのだから、相手だってそれくらい私に返してくれるべきだと思っていたのかもしれません。その考えが、自分寄りの考え方であることは、もう少し成長しなければ気づかないことなのでしょう。だから、友だちにそのジレンマの思いを伝えたくても、言葉で表すことができなかったのでしょう。

『きよしこ』をすすめる子がつぎつぎと

本好きなトモコは、ときとして私におすすめの本を聞いてくることもあります。ときには、「最近、重たい本ばかりだから、軽い本がいいな」とか「まえの本は、最後まで読めなかったんだ」などと言うときもありました。子どもは、どんな本を重たい本と感じるのだろう、と思っていたら、そのトモコが、私に『きよしこ』をすすめてくれたのです。このとき、私はまだ読んでいませんでしたが、『きよしこ』は六年生にとって、気軽に読みやすいという本ではありません。さらに、この日の図書の授業では、トモコのほかにも二、三人の男子が夏休みに印象に残った本として、この本をあげたのです。

子どもたちによる『きよしこ』の紹介は、どの子も饒舌ではなく、言葉にすることのむずかしさが伝わってくるばかりです。けっして活発とはいえない子たちが、懸命にその本から得た思いを伝えようとする姿は、ちょうど『きよしこ』の表紙に描かれた「少年」の、うつむきながらも言葉をしぼりだそうとする姿のようでした。けれど、発表を終えた子たちには、「この本を読みきってよかった。感想がちゃんと言葉に出せなくても、それだけは伝えられた」という達成感があったようです。

読書領域が広がってくる六年生が、図書室に置いていない本のなかから、同じ本を数人がおすすめにあげることは、流行のドラマや映画の小説化本でもなければめずらしいことです。重松清さんの本は何点か読んでいて、好きな作家のひとりということもあり、読んでみたいと思いました。そのうえで、六年生の子どもがどこに共感を覚えるのか、感じたいと思い、さっそく手にとってみました。

吃音のために、人前でなかなか話すことができない少年が主人公であるこの作品に、六年生たちはなにを感じたのでしょうか。言いたいことは伝えなくてはいけないこと、伝えたいことは言葉じゃなくても伝えられること、言いたくても言えないことが心に積みかさなっていくもどかしさ、そんな「少年」の思いをトモコは自分の〝言葉にすることはできなくても、感じるなにか〟と重ねあわせたのではないかと想像しました。

この小説のなかには、六年生の三学期に起こったある出来事が描かれています。転校を重ねてきた「少年」に、卒業式間近のお別れ会で発表するお芝居の脚本を頼んだ先生。その先生の娘、ゆかりちゃんは心臓病を患っていて、卒業式近くに大きな手術をひかえています。クラスのみんなもそれを知っていました。お芝居の練習のころには、先生は娘のことで学校を休むことが続きます。子どもたちは先生に見てもらおうと、お芝居の主人公の名前を「ゆかりちゃん」に変えます。しかし、手術の日が近づくにつれ、クラスの雰囲気は重くなっていきます。「少年」は、クラスの子どもたちと話しあって、お芝居をもっと元気の出る終わり方に変更し、当日を迎えます。そのとき、クラスのみんなが悲しみも喜びも共有しながら、願いを強めていくようすには、そのクラスのひとりになりたい、と思わされました。そして、この本を読んだ六年生なら、希望を明日につなげることを信じてくれるのではないかと感じました。

物語からお母さんの思いを共有したい

トモコがこの本を読むきっかけはなんだったかのか知りたくて、たずねてみました。すると、お母さんが読んで「よかったから、トモコもどう？」と言って手渡してくれたのだそうです。子どもにとって、親が「面白かったよ」と手渡してくれた本は、印象が強いものです。親が「子どものとき読んだ『〇〇』という本、面白かったのよ。あなたも読んでみない？」ということはよくあることです。でも、きっとこのお母さんは、子どものときに読んだものより、いま親子として生活するなかで読んだ本を、子どもに提示したかったのではないでしょうか。同じ本を読んで共感できるところにまで、子どもが成長してきているのを感じたのでしょう。

またトモコも、そうやってひとりの人間として母親に認められたことをうれしく感じて、目のまえのお母さんが面白いと思った本は、どんな本なのだろう、お母さんのこの本への思いを共有したいという気持ちになれたのではないでしょうか。お父さんやお母さんの子ども時代の話は、子どもにとってある種のファンタジーかもしれません。けっして、目のまえで見ることができないからです。けれども、いまいっしょに過ごしているお父さん、お母さんの感じ方を物語から共有することができるなら、大人の仲間入りの一歩と思えることでしょう。

小学校六年生から中学生へと進んでいくなかで、友だち関係に悩むことの多くなるこの時期、まわりの人との距離感覚、気持ちのバランス感覚を子どもたちは模索しているのでしょう。

あばれんぼうのイダくんが流した涙

福家珠美

▼どろんこ幼稚園のやすしくんは、つぎからつぎへとやんちゃに動きまわるいたずらっ子。しかも、友だちにもすぐにかみついたり、ケンカをふっかけたりで、園いちばんのチビッコギャングです。そんなやすしくんが、ふとしたことから、園で飼っているアヒルの首をけがさせてしまいます。動きまわる園児たちを画面いっぱいに描く、躍動感あふれる絵がまた魅力的な絵本です。

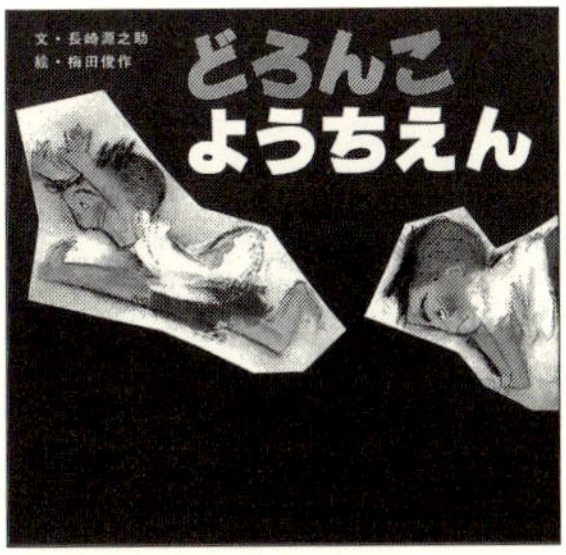

『どろんこようちえん』
長崎源之助＝文
梅田俊作＝絵
童心社、1986＊

あばれんぼうの涙にみんなびっくり

小学三年生ともなれば、どの学級にもかならず、ひとりやふたりは手にあまるあばれんぼうがいます。イダくんもそんなあばれんぼうのひとりです。

口よりも先に手が出て、すぐにケンカになる。授業中も、ものを投げたり、教室のものをめちゃめちゃに壊したり、女の子をわざとたたいたり、髪を引っぱったりと、いたずらをつぎつぎとくり広げる。まさに教師泣かせのチビッコギャングなのです。

そのイダくんが、絵本を読み語ってもらって、はじめて、ひとすじの涙を流した本、それが『どろんこようちえん』だったのです。

「やすしくんったら、ほんとうに　らんぼうなんですよ。／『やーい、ばくだんだぞ』／って、きょうも　くりのきの　えだを　ゆっさ　ゆっさ　ゆさぶったんです」という一ページ目の文章からはじまるこの本は、つぎからつぎへとやんちゃに動きまわるやすしくんが主人公。いっときもじっとしていられず、大人がはらはらするような危ない遊びを、声をあげて喜んでいます。強がってばかりで素直になれず、友だちにもすぐにかみついてしまう。とにかく園いちばんのチビッコギャングなのです。

そんなやすしくんが、ふとしたことから、園で飼っているアヒルの首をけがさせてしまいました。その晩、家から姿を消したやすしくんは、なんと、夜こっそりと幼稚園のアヒル小屋にはいり、アヒルを抱いたまま眠っていたのです。ほおに涙のあとを残して。

この読み語りの日、イダくんは、いままでにない真剣なまなざしで身を乗りだし、一ページ一ページを見ていました。そして私がこのラストの場面を読んだ瞬間、イダくんのほおをつたってすーっとひとすじの涙が流れたのです。驚いたのは私ばかりではありません。なによりも子どもたちがびっくりしました。

「イダくんが泣いてる！」

「先生、イダくん、見て！」

「うそー！」

まず女の子がひそひそ声で、ちょっぴりおそるおそるイダくんの顔を見ました。イダくんは急いで、なんでもなかったようなふりをして、私からも、クラスの友だちからもそっぽを向いています。いつもケンカではりあっている男の子たちも、そのときばかりは驚いて、はやしたてることもしませんでした。イダくんも知らんぷりをしながら、じっと涙をこらえていたのです。

イダくんのやさしさが見えてきた

それからというもの、クラスの子どもたちのイダくんを見る目が、変わってきたような気がするのです。あいかわらず、イダくんは、棒をふりまわしてあばれまわり、ささいなことでとっくみあいのケンカをし、教師の言うことにはてんで耳を貸しません。しかし、そんな彼がじつは心のやさしい繊細な子であることに、みんなが気がつきはじめたのではないでしょうか。

そう気づいてみると不思議なもので、イダくんが小さな一年生のために、高いところに生えている赤い実をとってあげている場面を目にしたり、授業参観に来てくれたおばあちゃんを懸命に気づかっているようすを目にしたりなど、彼のさりげない思いやりに目がいくようになったのです。きかんぼうで手におえない困り者だとばかり思っていたときには、きっと見過ごしていたのでしょう。

いたずらばかりされていた女の子までが、あの涙を見た日から、彼への見方が変わってきたのです。学級全体が彼を避けたり、こわがったりせずに、彼を包みこみながら、ともに育っていこうとする空気に変わっていった気がします。

『どろんこようちえん』のやすしくんは、イダくんが「他人事ではない」気持ちで一体化できる主人公だったのです。だからイダくんはやすしくんのようすを自分のことのように真剣に見入り、自分のことのように身に迫って感じ入ったのでしょう。そうでなければ、人一倍、意地っぱりの彼が素直に涙など流すはずがありません。

そしてまわりの子どもたちは、やすしくんとイダくんとの一期一会の出会いを、驚きと感動をもって見守りました。新しいイダくんの発見が、まわりの子どもたちの人間を見る目に幅と深みをもたらしてくれた気がします。だからこそ『どろんこようちえん』は、ひとり読書ではなく、ぜひ学級全体での「読み語り」をして、みんなで思いをわかちあいたい作品なのです。

「びりっかす」たちのつかんだ尊厳と連帯

福家珠美

▼四年生の木下始《はじめ》は、転校一日目の教室で、小さな透きとおった男が飛んでいくのを見る。背中には小さな翼が生えている。翌日、始はその男が、クラスで最低点をとった者のところにやってくることを知る。いつしかその小さな男と話ができるようになった始は、男が、このクラスの成績競争のなかで、びりっかすになってしまった子の気持ちが集まって生まれたことを知るのである。

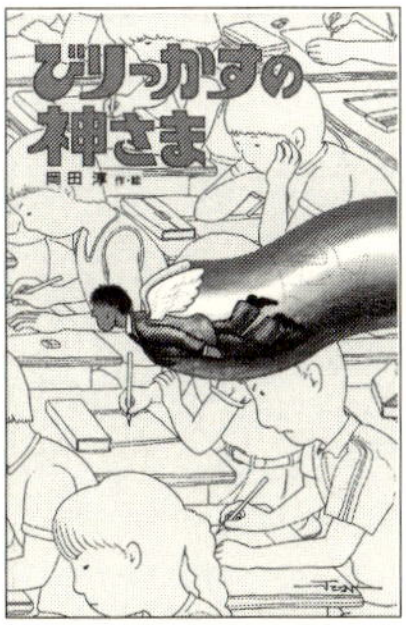

『びりっかすの神さま』
岡田淳＝作・絵
偕成社
1988

とり返しのつかないひとこと

私は、いままでの教員生活のなかで、悔やんでも悔やみきれない、とり返しのつかないような過ちを何度かおかしてきた。そのひとつにコウちゃんのことがある。

コウちゃんは、生まれつきの病気のために、左半身麻痺という障害をもっていて、左手・左足は思うように動かすことができなかった。

私がコウちゃんを担任したのは三、四年生のときのことである。前担任や養護教諭から、コウちゃんの病気や障害について申し送りを引き継いだうえで受けもった。ところが、私は担任して早々、コウちゃんの障害をめぐって、保護者をひどく傷つけてしまったのである。

五月はじめ、音楽専科の先生から、コウちゃんのリコーダーについて話があった。「コウジくんは左手が不自由ということで、ほかの子とは違うリコーダーを使ってますね。でも、ほかの子と同じリコーダーじゃないからやる気が出ないんじゃないですか。いっそ、ほかの子と同じリコーダーに変えてみたら？　お母さんに相談してみてください」。

そして、その言葉を、私はあまりよく考えずに、そのままコウちゃんのお母さんに伝えてしまったのである。コウちゃんのお母さんははじめ、「あのリコーダーは通院している病院のOT（作業療法士）の先生の指導で、コウジの手にあわせてつくったリコーダーだから」とやんわり断った。けれども、愚かにも私は「でも、音楽の先生がそうおっしゃるんですが」と、二度までも音楽の先生の言葉を続けて言ってしまったのである。

二度目、コウちゃんのお母さんは突然、泣きだした。「先生はコウジにできてもできなくても、ふつうの子と同じリコーダーを使えって言うんですか？　それってあんまりじゃないですか？　コウジをあんな病気に生んでしまったのは私です。ほかの子と同じ楽器が使えないのは私のせいなのに、コウジにその犠牲になれっていうんですか？」と泣きじゃくりながら叫び、うずくまって動かなくなってしまった。放課後の教室で、泣きくずれるコウちゃんのお母さんをまえに、私は自分がいかに、コウちゃんの苦しみ、コウちゃんのご両親の苦しみに寄りそうことができていなかったかを思いしらされた。

よく考えれば、コウちゃんが意欲的にリコーダーを使おうとしなかったのは、担任である私や音楽専科の教師のかかわりかた、指導のしかたに問題があったのである。にもかかわらず、私たち教師は、まるでコウちゃんの障害のせいでコウちゃんに意欲がわき起こらないかのような言葉を言ってしまった。私は自分の軽率さ、未熟さ、言ってしまったひとことの罪深さをどれほど悔いたことか。私の教員人生のなかでけっして忘れることのできない、つぐなえない過ちのひとつである。

ひろがる連帯の物語が教室へ飛びだす

さて、私はこのコウちゃんのいる学級で、学年末の最後に、子どもたちといっしょに『びりっかすの神さま』を読みあうことにした。

主人公の木下始《はじめ》は、転入の日から見えるようになった、翼の生えた小さな透きとおった男を「びりっかす」と呼び、びりっかすと会うために、努めてびりをとりはじめる。しばらくすると、劣等生のみゆきがふとしたことからびりっかすの存在を知る。その日から少しずつ、びりっかすと話せる子が増え、びりっかすをつうじて、友だちと言葉を交わさずとも心だけで会話ができることが、仲間のなかに広がりはじめた。点数競争に執着のない落ちこぼれっ子から、示しあわせてびりをとる作戦がはじまった。びりっかす作戦は友だちどうしの連帯感を育み、しだいにじわりじわりとクラスに広がっていった。そして、ついにクラス一の優等生もびりっかすさんを見ることとなる。

そんなおり、運動会の練習がはじまる。目玉種目である学級対抗全員リレーに、子どもたちは、びりっかすさんによって結ばれたチームワークをいかんなく発揮する。ところが、運動会の本番直前、大きな問題がもちあがる。本気でリレーに臨むべきか、わざとびりになるべきか、クラスのみんなは真剣に話しあう。そして当日。彼らの決断は「本気で走る！」隣のクラスには清田くんという足に障害のある子がいる。「本気で走る」ことは、そんなハンディを抱えながらも懸命に走り、たたかおうとしている競走相手への誠意であること、仲間と連帯して真剣に挑戦することと、自分ひとりで点取り虫になるために競争することとは違うのだと、四年一組の子どもたちは気づくのだった。

コウちゃんのいる学級で『びりっかすの神さま』を読みあう。それは、私にとってはかなり勇気のいることだった。足の悪い清田くんとコウちゃんが重ねあわされることは必至だ。けれども四年生の最後、高学年に向けてのクラス替えを目のまえにして、やはり、成績競争に真正面から対抗する友情物語、目に見えない人間のねうちを感じあうこの学級物語を、私はこの子たちと共有したかった。

案の定、子どもたちはびりっかすさんと心のなかで会話することを、毎朝、心待ちにするようになった。ひとり、またひとりと、びりっかすさんを見ることのできる仲間が増えていくのが、子どもたちにはとてもうれしいらしい。とりわけ、十章「かわいそうな先生」では、まるで本のなかの子たちのように、うちのクラスの子どもたちも、なにも言わなくても同じところでいっせいに目配せしあったり、にやっと笑ったりした。とくに「なにもおもしろいことをいってないのに、なん人もがいっせいに、にやっとわらう」ので、先生が「あるとき、自分では気づかないでおもしろいことをいってしまったのではないか」と思って「みんなのにやりにあわせて、へへへ、とわらってみた」ら、みんなが「そろってへんな目で先生を見た」場面では、クラスじゅうでにやりの波が一斉に広がった。

競いあうより助けあうほうが、大きく伸びていける

子どもたちがなによりも好きだったのは、みんなで点数競争に負けようとして助けあえば助けあうほど、最低点が上がる、つまりみんなが勉強がわかるようになるくだり。

「これっていいよなあ」「うちの学校にもびりっかすさん来てくれたら、みんな頭よくなるぜい」「仲よくなって頭よくなるの、最高じゃん！」「負けようとしてたらどんどん点数上がっちゃうんだなあ！」「教えるほうも教えてもらうほうも、まえより頭よくなるみたい！」

競いあうより助けあうほうが、たがいに伸びあってゆけることを、こんなにさりげなく愉快に納得させてくれるのだから、岡田淳はすごい作家だとつくづく感心してしまう。

さて、いよいよクライマックスの運動会、クラス対抗全員リレーの場面にさしかかった。子ども

たちは清田くんのいる二組に対して、わざと負けるか、本気で走るかの選択をめぐって、真剣に心の会話を続ける。私のクラスの子たちも真剣な表情になっていった。

「相手が手抜きしてて、それで自分が勝ってもうれしくないよ」「ばれなきゃいいじゃん」「でもそれじゃ、清田って子、バカにされてるみたい」「信じてるんだぜ。清田って子、一組が真剣だってこと」「おれならバカにされたくない」

ひとこと、ひとことを聞きながら、子どもたちの心のなかに、清田くんがコウちゃんと二重うつしになっているのを感じた。うちのクラスの子たちは、幼稚園のころからコウちゃんを知っている子が多い。また、前担任のあたたかな学級づくりのおかげもあって、子どもたちには、コウちゃんの病気や障害を自然に受けとめ、配慮する雰囲気ができていた。

だから、私自身がうっかり配慮に欠けていたときは、逆に子どもたちから叱られた。調理実習の計画のとき、「先生、コウちゃん甘いもの食べられないんだから、お菓子の種類とか材料、もっとよく考えようよ！」。校外に探検学習に出かけたとき、「先生、もっとゆっくり歩いて！　コウちゃん、がんばって歩いてるんだぜ」と注意されることもしばしばだった。

子どもたちに学んだ人の尊厳の意味

けれども、子どもたちはけっしてコウちゃんを特別扱いしなかった。外で遊ぶときも、体育のときも、調理実習や図工の道具使いのときも、コウちゃんに班の一員としてせいいっぱいとり組むことを要求した。ときにケンカになり、コウちゃんがやけになることもあったくらい。そのかわり、子どもたちはコウちゃんと同じ班やチームになることをけっしていやがったりしなかったし、ゲームのルールづくりなどは、言葉に出さずとも、コウちゃんのことを考えて子どもたちなりに工夫していた。たとえば、リレーにはムカデ競走をとり入れ、走力よりもチームワークがものをいう勝負にした。

そんなふうに工夫や配慮はしても、勝負は真剣、コウちゃんへの要求も真正面からぶつける。この子たちのそんな姿勢に、私はほんとうに多くのことを学んだ。人間がそれぞれの違いを理解しあい、気づかいながら助けあうことと、自分と同じ人間として正面から向かいあい、対等な関係を結ぶこと。この「違う」けれど「同じ」人として結ばれることのありかたを、私はこの子たちから学んだ。そしてコウちゃんのお母さんを傷つけたあの日のことを、この子たちのかかわりのありかたをとおして、いっそう恥ずかしく、忘れがたい私自身の過ちとして心に刻まずにはいられなかった。あの私の言動は、まさに「違う」ことから目をそらすことによって、「同じ」人間としての尊厳を踏みにじってしまったのではないだろうか。

清田くんをとおして、コウちゃんをとおして、そのことを身をもって教えてくれた『びりっかすの神さま』とわがクラスの子どもたちに、私はいつまでも感謝している。

解説

生命《いのち》はずみだすドラマ

大田《おおた》堯《たかし》（教育研究者）

この本は、いま人間と生命《いのち》、そのかかわりあいに関心をもつ多くの人びと、とりわけ、両親、保育士、教師、看護師、医師、福祉関係者など、直接子どもとふれあいをもつ人びとに、ぜひ参考にしてほしい本だと思います。面白く、かつ感動的で、いまの私たち大人に対して、子どもと本を介して、もうひとつの生き方、より深く人間とそのかかわりについて考える刺戟《ヒント》をあたえてくれることでしょう。

ミハエル・エンデの児童文学についての語りが、私のなかに蘇ってきました。エンデによると、「大人の世界が子どもたちの住んでいる場所でなくなり、かけ離れたものになってしまったときから、児童文学ははじめて出てきた」というのです。

「冒険があったり魔法があったりといった子どもたちの保護区みたいなものをつくって、そのなかで遊べるようにした」「大人になるとそんなものは全部ウソだったということになる」「私は大人になったら、子ども時代にあったことは全部ウソだったとは言わなくともすむような、大人も子どももいっしょの世界をつくるべきだと思うのです」

私はこの本の著者たちがここでとりあげたすべての本が、たとえばエンデ自身の『モモ』のような作品だとは思いません。ですが、この本の面白さは、エンデの言う子どもたちと大人たちとを隔てている壁をおし破っていくように、この本で紹介されるそれぞれの本が、その子その子に応じて、活用されているということです。いや、この本の筆者自身の内面にある子どもたちとの壁が、その本にひびきあった子どもの感性の動きによってゆさぶられ、いくらかずつでもとり除かれていくことになっているのです。

たとえば、自閉的傾向と精神遅滞の五年生、ヤスオちゃん。だっこ、おんぶ、スキンシップそのものが、その子との唯一のコミュニケーションの在り方だといいます。わずかのつぶやきも、テレビ、コマーシャル、いわば機械音のくり返しです。ですが、担任である筆者は、意味不明であっても、語感やリズムについては、普通児よりもむしろ鋭敏だとみています。以前、子どもたちと散策中、山の木々、草花に「わらべうた」で歌いかけることがあり、そのときは、ヤスオちゃんには格別なんの反応もなかったのです。ところが、後日になって、突然「きーりすちょん」など、わらべうたの語句を口ずさむのに気づくのです。

そんなとき、担任は絵本『カニ　ツンツン』に出会います。「これだ！　ヤスオちゃんの世界だ」。あたり！　この本に限って自分から読んでと要求してくるのでした。「カニ　ツンツン」を口ずさみながら遊びをくり返します。そのうちに、ヤスオちゃん流の不思議な言葉が、彼の手中にあるクレヨンの動きとなり、紙に描かれた色や形となって表出されるのです。色、形、そして言葉のリズムが一体となるのです。

そのとき、担任は、それを紙芝居に編んで、学校の仲間全体にみてもらおうという企てを思いつきます。やがてマスダヤスオ作の紙芝居ができあがり、ほかのクラスを巡って、大成功。ヤスオちゃんは、子どもたちのあこがれとなるという話です。本人の表情、表現が豊かになるばかりか、教師や子どもたちを巻きこんで、大人と子どもがいっしょになった新しい世界、つまりかかわりあいの波紋の拡がりがみられるのでした。

筆者はヤスオちゃんについて、「彼のもつ耳の感性は、言葉のリズムに込められた先祖の言霊《ことだま》を、鋭敏に感じとる力をもっているのではないか」と言っています。たしかに『カニ　ツンツン』の意味のない言葉と、その言葉のリズムは、著者である金関寿夫《かなぜきひさお》さんの創作です。この人は、北アメリカ原住民やアイヌ、そのほか世界各地の言語研究、言語芸術の探求者です。くわえて、モダンアートの元永定正《もとながさだまさ》さんの描く形と色がみごとにひびきあっているのです。

ヤスオちゃんの担任である筆者のこうした鋭い洞察を、私自身で追体験することは到底できません。しかし、人間の意識下にある広大な闇、無意識という世界には、ヒトの原初からの体験の蓄積があると考えると、そこから溢れでる無垢の自己表現を、筆者はヤスオちゃんのなかに読みとったのでしょう。お金による気ぜわしい時間に追われる現代人が、ほとんど見失いかけた、この深い感性レベルからのかかわりが、この「事件」を通じて、ほのかに見えてくる思いになります。

以上は、この本に書かれているひとつの事件、ほんの一例にすぎません。この本には、大人と子ども、そして子どもどうしの、一冊の子ども向けの本という文化を仲だちとするかかわりあいがあり、そこで展開する事件、「ドラマチックなドキュメント」とでもいうべきものが、短い章節にこぢんまりと収納されているのです。それら一つひとつが提起する事件は多様、その問題は濃密です。

「劇場としての学校」、終章まで飽きることはないでしょう。

子ども発見ライブラリー

メンバー紹介

福家珠美（ふくや・たまみ）◆一九六三年生まれ。北陸、関西、関東の小学校、養護学校勤務を経て、神奈川県内の公立小学校教諭。特別支援学級担任。好きな仕事を続けてこられたのは献身的な夫のおかげ。夢は「ばばばあちゃん」みたいな暮らし。小学生時代大好きだった作家はH・A・レイ、プロイスラー、リンドグレーン、ケストナー、ベルヌ。著書に『図書館大好き1年生――絵本と育つ子どもたち』（かもがわ出版）。好きなことは歌う、踊る、走る、泳ぐ、遊ぶ、食べる！

橋之口哲徳（はしのくち・てつのり）◆一九六三年生まれ。電機メーカー勤務。小学六年の男の子と小学四年の女の子の父親。地域に開かれた保育園の実現や子育て支援活動で活躍されてきた新澤誠治さんにあこがれ、保育士資格を取得。将来に活かしたいと考えている。子どもの本のなかでも、とくに、小学校高学年向けの児童文学とYAが好き。好きなもの＝パット・メセニー、村上〝ポンタ〟秀一、バンドで演奏していたりライブで音楽を聴いていたりして稀に体験する背筋がゾクゾクとする感じ。

徐奈美（じょ・なみ）◆一九六七年生まれ。私立小学校司書教諭。小学校の図書室に先生がいるのがあたりまえと思って幸せな小学校生活を送る。そのころ、リスのゲルランゲや、ドリトル先生、そしてノンちゃんと出会う。著書に『児童図書館のあゆみ――児童図書館研究会50年史』（共著、教育史料出版会）、『読書のアニマシオン』（共著、児童図書館研究会）。児童図書館研究会会員。好きなもの＝旅、テニス、料理、茶、ライブもの（芝居でも音楽でも落語でも、まさにナマモノ！）、松ぼっくり。

長谷部香苗（はせべ・かなえ）◆一九七二年生まれ。公共図書館嘱託員を経て都内私立小学校図書室に勤務。小学生で司書に憧れたことを、大学入学後のガイダンスを受けて思い出す。その後もなぜか児童書担当、学校図書館と勤めることができ、さらに子ども発見ライブラリーにも出会った強運の持ち主。小学生のころは、母の大事にしていたマザー・グースの絵本にいたずら書きをし、コロボックルが周りにいるのではと気になり、大きな森の小さな家の食事に惹かれ、近所の猫のしっぽをひっぱっていたっけ。

本よみキッズの事件簿

子どもと本と、ときどき大人

二〇〇七年三月一日　初版印刷
二〇〇七年三月十日　初版発行

編著者……子ども発見ライブラリー
ホームページ　http://www.tarojiro.co.jp/freetalk/
装丁……柳川貴代
装画……山本祐司
発行所……株式会社太郎次郎社エディタス
東京都文京区本郷四—三—四—三階　郵便番号一一三—〇〇三三
電話〇三—三八一五—〇六〇五
Eメール　tarojiro@tarojiro.co.jp
印刷・製本……厚徳社
定価……カバーに表示してあります
ISBN978-4-8118-0723-2 C8000